KB233625

신화와 미신
그 끝없는
이야기

신화와 미신
그 끝없는
이야기

신화와 미신 그 끝없는 이야기

새뮤얼 애덤스 드레이크 지음 | 윤경미 옮김

The Myths and Fables of To-Day

디오니소스
프로젝트

책읽는귀족은
『신화와 미신, 그 끝없는 이야기』를
열네 번째 주자로 '디오니소스 프로젝트'를 이어간다.
'디오니소스'는 니체에게 이성의 상징인
아폴론적인 것과 대척되는 감성을 상징한다.
'디오니소스 프로젝트'는 고대 그리스 신화에서는
축제의 신이기도 한 디오니소스의 특성을
상징적으로 담아내려는 시도로,
우리의 창조적 정신을 자극하는 책들을 중심으로
디오니소스적 세계관에 의한, 디오니소스적 앎을 향한
출판의 축제를 한 판 벌이고자 한다.
니체는 디오니소스를 통해
세상을 해방시키는 축제에 경탄을 쏟았고,
고정관념의 틀을 깨뜨릴 수 있는 존재로
디오니소스를 상징화했다.
자기 해체를 통해 스스로를 극복하는 존재의 상징이기도 한
디오니소스는 마치 헤르만 헤세의
"새는 알에서 나오려고 발버둥 친다. 알은 새의 세계다.
태어나려고 하는 자는 하나의 세계를 파괴해야 한다"는
의미와 맞닿아 있다.
이제 여러분을 '디오니소스의 서재'로 초대한다.

이 세상 어느 곳에나
비슷한 미신 이야기는 있게 마련이다

『신화와 미신, 그 끝없는 이야기(The Myths and Fables of To-Day)』
는 책읽는귀족의 모토인 '세상을 아름답게 만드는 에너지, 창의적 생
각이 담긴 책을 만드는 책읽는귀족!'에 딱 맞는 책이다.

이제까지 책읽는귀족은 '디오니소스 프로젝트'의 하나로 우리의 창
의성을 자극하는 고전의 숨겨진 번역서들을 발굴하여 그 중심으로
기획해 왔다. 그 가운데 큰 흐름 중 하나가 바로 '신화'이며, '이 세상
너머 이야기'였다. 예를 들면, 『북유럽 신화, 재밌고도 멋진 이야기』,
『바람이 전하는 인디언 이야기』, 『우리는 어디에서 와서 누구이고 어
디로 가는가』, 『운명의 바람 소리를 들어라』, 『보이지 않는 세계로의
여행』 등이다. 이밖에도 디오니소스 프로젝트는 아니지만, 『꿈은 말
한다』, 『발칙한 꿈해몽』처럼 우리의 창조적 에너지를 길어내는 꿈의

세계도 탐색해 왔다.

그런데 이 『신화와 미신, 그 끝없는 이야기』는 그 모든 주제를 통합하고 결론짓는 책이 아닌가 싶기도 하다. 그래서 그 의미가 매우 크다고 할 수 있다. 이런 책들을 기획해오고 출판해 오면서 그 사고의 단서들을 저 아주 머나먼 인류의 태고적 의식으로까지 추적을 해본 결과, 명쾌한 한 가지 결론을 얻었다.

동양이든 서양이든 현실이 아닌 이야기, 즉 그 형태는 신화나 민담 그리고 꿈 해몽이나 죽음 너머의 세계 등 다양하지만, 이러한 현실 너머의 이야기에 대해 오랫동안 많은 관심을 가져왔다는 것이다. 그 내용들이 사실이건 아니건 간에 우리 인류의 역사에 크든 작든 삶과 운명 속에 영향을 끼쳐오기도 했다.

삶의 장벽과 마주한 사람들에겐
활력소 같은 이야기들

디오니소스 프로젝트를 계속 이어오면서 알게 된 것은, 인생이 팍팍하거나 굴곡이 많으면 이러한 비현실적인 세계에 더 많은 관심을 가지기도 한다는 사실이다. 개인이나 국가나 모두 마찬가지로 말이다.

개인도 어릴 때부터 힘든 세월을 살아왔다면 현실 세계에선 도저히 답이 보이지 않는 상황에서 '저 너머'의 세계로 기웃거리기 마련이다. 국가적으로나 민족적으로 볼 때도 외세의 침입 같은 큰 시련을 많이 겪은 민족일수록 더더욱 이런 신화나 민담, 혹은 죽음의 세계에 대한 이야기들에 더 많은 흥미를 가진다는 것이다.

그러나 따지고 보면, 개인이나 국가 중에서 시련을 크게 안 겪은 사람이나 민족이 별로 없다는 것이다. 그 역사가 오래된 민족을 거슬러 올라가보면 특히 외세의 침략을 받고, 지배를 당한 아픈 역사를 많이 안고 있다. 개인도 솔직히 딱히 소위 금수저나 다이아몬드 수저가 아닐 경우에, 힘든 개인사는 누구에게나 있게 마련이다.

세상을 이리저리 살펴보면, 팔자가 아주 좋은 운명으로 태어나지 않은 사람들이 대부분의 경우이다. 그러므로 그들 중 일부가 현실의 거대한 장벽에 좌절하지 않고, 현실 너머의 세계에 대해 호기심을 가지면서 잠시 기웃거리는 사이 다시 삶에 대한 에너지를 충전하는 것을 딱히 어리석다고 조롱할 필요는 없을 것이다.

사실 세상이 '1+1=2'라는 식으로 기본 질서에 의해 딱 떨어지게만 흘러간다면, 흙수저들이 살아갈 희망은 적다. 그러나 '세상에 이런 일이!'나 '서프라이즈'처럼 인생에 어떤 뜻밖의 일들이 일어난다면 한 세상 살아가는 데 큰 힘은 아니더라도 활력소는 되어줄 수 있지 않을까.

『신화와 미신, 그 끝없는 이야기』는 어떻게 보면, MBC의 〈신비한

기획자의 말

TV 서프라이즈〉라는 프로그램을 떠올리게 하는 책이다. 오랫동안 일요일 아침마다 많은 사람들에게 재미와 감동을 주는 〈신비한 TV 서프라이즈〉에 나올법한 이야기들, 그리고 나왔던 이야기 중에 유사한 소재도 가끔 나온다. 그래서 〈신비한 TV 서프라이즈〉에 바치는 책이라고 해도 과언이 아닐 수 있을 정도이다. 앞으로 〈신비한 TV 서프라이즈〉의 제작진들이 이 책을 참고하면 건져 올릴 만한 소재들이 그야말로 '끝없이' 나올 것이다. 한마디로 아주 흥미로운 이야기보따리라고 할 수 있다. 이 책의 제목처럼 '신화와 미신'에 대한 '끝없는 이야기'들은 파도, 파도 계속 나오기에 누르기만 하면 재밌는 이야기를 들려주는 '이야기 주크박스' 같다.

이런 상상력을 자극하는 책들을 많이 기획해온 기획자로서 마지막으로 덧붙이자면, 인간이 알 수 있는 영역과 모르는 영역은 분명히 존재한다는 것이다. 물론 그중에는 과학이라는 도구로 인간이 알 수 있는 영역을 점점 더 넓혀가고 있지만, 인간이 그 문을 열 수 없는 세계도 분명히 존재한다는 사실이다. 한편으로는 이러한 탐색이 그 문을 여는 데 필요한 상상력의 실마리가 되어줄 수도 있다.

또한 신화나 미신 같은 이야기들은 인류가 오랜 과거로부터 자신의 정신세계에 어떤 생각들을 품고 살았는지 되짚어보는 단서가 된다. 그 이야기의 패턴이 동양이나 서양 모두에서 비슷하게 발견된다는 사실은 꽤나 흥미롭다. 그리고 그로부터 수많은 문학작품이나 예

신화와 미신 그 끝없는 이야기

술작품이 나온 것도 우리는 주목해봐야 한다.

창조성이 참으로 부족한 사회라고 하는 우리나라에서 이런 창조성의 보물단지를 단단히 챙겨 현대 사회의 창조적 에너지로 활용하면 그보다 더 좋은 일도 없을 것이다. 그런 뜻에서 아이나 어른 할 것 없이 힘들 때는 기댈 수 있는 언덕 같기도 하고, 또 창의적 생각의 마르지 않는 우물 같기도 한 이 『신화와 미신, 그 끝없는 이야기』를 독자 여러분들에게 선물하는 바이다. 이 재밌는 이야기보따리를 얼른 풀어보기 바란다.

2017년 8월
기획자 조선우

CONTENTS

The Myths and
Fables of To-Day

—

PART 1
미신을 되돌아보다

미신을 그저 '역사적 사실'이라 말하는 것은 지나치게 뻔하고 진부한 소리다. 미신이 그저 '역사적 사실'에 불과하며, 우리보다 지적 사고가 떨어지는 시대의 사람들이 이해할 수 없는 불가해한 현상을 받아들이기 위해 '미신'을 믿었다고 설명한다면, 우리는 그저 '철학적'이고 '역사적' 관점에서만 미신을 다루어야 할 것이다.

하지만 미신은 그저 과거의 산물이 아니다. 미신은 오늘날에도 엄연히 존재하고 있으며, 우리의 행동에 일정 부분 영향을 미치고 있다는 사실을 인정해야만 한다. 다시 말해 미신은 여전히 우리의 삶에서 아직 풀지 못한 문제로써 우리가 다뤄야 할 몫인 것이다.

사람들은 흔히 미신은 무지의 산물이며, 대중을 교육하면 미신을 믿는 일은 점점 사라진다고 주장한다. 다시 말해, 우리는 선조들보다 자연 현상에 대해 훨씬 더 많은 것을 이해하고 있기에 지극히 미신적이었던 선조들이 그랬던 것처럼 미신을 덥석 받아들이지는 않는다는 것이다. 예컨대 우리 선조들은 하늘에 혜성이 등장할 때나 발밑의 땅이 요동치는 지진이 발생할 때, 여기에 도덕적 의미를 부여했지만 우리는 더 이상 그렇지 않다. 오늘날 우리는 전기나 증기의 힘을 도움삼아 불과 몇 세대 전까지만 해도 사람들을 두려움에 떨게 하고 소스라치게 놀라게 했을 '기적'을 일상적으로 행하고 있다.

정말이지 그렇다. 우리 대부분은 물리적 현상에 어떤 '징조'를 끌어들이지 않도록 교육받았다. 말하자면 물리적 현상과 '징조'를 철저하게 분리시킨 것이다. 하지만 우리의 마음 속, 우리의 내면은 어떠한가? 우리는 여전히 직관이나 인식, 갈망, 그리고 상상력을 동원하여 우리가 살고 있는 자그마한 세상 밖에 또 다른 세상을 창조하고, 그곳에 머무르고 있지 않은가.

"그렇다. 바로 그것이 문제로다ay, there's the rub(셰익스피어의 희곡 〈햄릿〉에 나온 대사-옮긴이 주)."

과학에 의해 밝혀진 것들과, 삶의 불가해한 수수께끼 사이의 그 끝

신화와 미신 그 끝없는 이야기

없이 공허한 심연의 틈을 메울 수 있는 것은 무엇일까? 그 틈새를 비집고 탄탄히 자리 잡은 것이 바로 '미신'이다. 미신은 마치 오래된 벽을 타고 자라난 담쟁이덩굴처럼, 억지로 떼려 해도 떼어낼 수 없을 정도로 우리의 삶 속에 단단히 뿌리를 내리고 있다. 햄릿의 말을 떠올려 보자.

"호레이쇼, 하늘과 땅 사이에는

자네의 철학으로 상상하는 것보다 많은 것들이 있다네."

미신은 역사가 기록되기 훨씬 전부터 존재했다. 현재 우리는 20세기의 문턱에 서 있으며, 인류는 오랜 시간을 거쳐 발전과 진보를 이루었다. 하지만 미신은 언제나 그림자처럼 우리를 뒤쫓아 왔고, 그 그림자는 여전히 사라지지 않았다.

미신을 받아들이는 인간의 나약한 본성을 애써 부정할 필요는 없다. 미신은 불가사의한 일들에 대한 손쉬운 설명을 제공하는 '열린 문'과 같다. 미신은 우리가 요람에 있을 때부터 우리 마음속에 깊이 스며들었고, 심지어 우리가 묘지에 묻힌 뒤에도 끈질기게 살아남는다.

"시간은 미신을 결코 시들게 하지 못하며, 미신은 늘 생생하게 우리 곁에 존재한다(이 문장 'Age cannot stale, nor custom wither'은 셰익스피어의 희곡 〈안토니우스와 클레오파트라〉에 나오는 문장이다-옮긴이 주)."

　오늘날에도 여전히 어머니들은 먼 옛날의 어머니들이 그러했듯이 다정한 목소리로 아이들에게 유령과 거인, 고블린과 브라우니(brown-ie: 영국과 스코틀랜드 민담에 전해져 오는 요정으로, 갈색 털로 덮여 있고 몸집은 자그마하다. 주로 집안에 거주하며 밤에 몰래 집안일을 도와준다고 한다. 사람들은 브라우니에게 선물로 죽이나 꿀을 준비해 두기도 하는데, 선물이 마음에 들지 않거나 집 주인이 제대로 된 대접을 해주지 않으면 브라우니들은 종종 집안을 엉망으로 만들기도 한다. 주로 다락방이나 벽 사이의 틈 속에 기거한다-옮긴이 주)에 대한 이야기를 아이들에게 들려준다. 심지어 남녀노소를 불문하고 엄청난 인기를 누리고 있는 부활절 달걀조차도 오래된 아리아 신화에 바탕을 두고 있으며, 크리스마스에 양말을 걸어 두는 일도 신화에서 기원한 미신적인 행동에 불과하다. 본래 영국식 크리스마스에는 산타클로스도, 스타킹도 존재하지 않았다.

　만일 산타클로스나 크리스 크링글(Kris Kringle: 산타클로스를 지칭하는 또 다른 이름-옮긴이 주) 혹은 성 니콜라스라는 인물로부터 신화적 특성들을 깡그리 지워 버린다면 어떻게 될까? 그렇다면 해마다 성대하게 열리는 크리스마스 축제 기간에 아이들을 열광케 할 만한 매력이 도대체 뭐가 남겠는가! 오늘날 어린이 대상의 잡지인 〈세인트 니콜라스St. Nicholas 지〉(미국의 어린이용 월간지로 1873년에 창간하여 1940년에 폐간되었다-옮긴이 주)는 장기간의 인기를 구가하고 있다. 그리고 최근에 있었던 대대적인 크리스마스 축제 기간 동안 뉴잉글랜드의 주요 언론들은 꽤나 많은 지면을 할애하여 산타클로스의 옛 신화를 옹호하는 사설을 실었다. 이토록이나 산타클로스와의 끈끈한 유대감을 지키려고 안간힘을 쓰는 것으로 보아, 사람들은 정녕 산타클로스와 이별하고 싶어 하지 않는 듯하다.

최근에는 브라우니에 대한 이야기가 한창 인기를 끌고 있다. 집집마다 통방울눈에 달랑거리는 팔다리가 달린 브라우니 인형이 없는 집이 없을 정도인데다, 그림책과 책표지, 신문 등 등장할 수 있는 곳이라면 어디든지 브라우니를 볼 수 있다. 하지만 만약 아이들에게 요정이나 브라우니 같은 것들은 실제로 세상 어디에도 없다고 말하면 어떨까? 그렇다면 결국 요정이나 브라우니가 갖고 있는 매력도 퇴색되어 버릴 것이다. 이런 가상의 캐릭터들은 오래 전부터 전해져 내려오는 미신과 관련이 있기에 인기를 얻은 것일 뿐, 그러한 관련성이 사라진다면 이들은 결국 흔해빠진 헝겊인형에 불과하다.

아이들은 나이를 먹으면서 차차 두뇌가 발달하기 때문에, 미신이 어린 아이들에게 그다지 큰 영향력을 주지 못할 것이라 생각하기 쉽다. 하지만 간과해서는 안 될 것이 있다. 어렸을 때 우리가 처음으로 배우는 것들은 대부분 미신과 관련된 것이다. 그리고 어린 시절에 배운 것들은 시간이 지나도 사라지거나 퇴색되지 않고 우리 마음속에 오래도록 머무른다는 점이다. 물론 어머니나 유모, 혹은 가정교사가 아이들에게 신데렐라나 푸른 수염 이야기를 들려 줄 때마다, "이건 진짜 있었던 이야기가 아니란다"라고 으레 경고하지만, 이야기를 듣는 아이들은 그런 경고 따위는 쉽사리 무시하기 마련이다.

그렇다면 감수성이 덜 예민한, 어느 정도 나이가 있는 아이들은 어떨까? 나이가 들면 이런 '불가사의한 것'들을 더 이상 민감하게 받아들이지 않게 되는 걸까? 아니, 그렇지 않다. 아주 자그마한 도토리에서 거대한 떡갈나무가 자라나듯, 어린 아이 시절 백지처럼 순수한 마음속에 심어진 씨앗들은 훗날 쑥쑥 자라서 커다란 수확을 얻게 되는 법이다. 단적인 예로, 초자연적이거나 불가사의한 것들을 다룬 연극, 오페라, 시, 소설, 그림과 조각들은 오늘날 그 어느 때보다도 높은 인기를 누리고 있지 않은가! 또 점술이나 손금, 점성술, 투시, 최면 등은 여전히 돈벌이의 수단으로 이용되거나, 혹은 가벼운 흥밋거리로 성행하고 있으며, 사람들의 내면 깊숙이 지속적인 영향을 미치고 있다.

진실을 추구하는 사람들이라면 이러한 사실을 인정할 수밖에 없을 것이다. 오늘날 여전히 미신이 만연하다는 사실을 모른 척 넘겨서 될 일이 아니다. 우리가 인정하지 못한다고 해서 이러한 현상을 그저 웃어넘기며 모른 척 하거나 혹은 빈정대는 행위는 건전한 상식에도 맞

신화와 미신 그 끝없는 이야기

지 않다. 비난은 결코 해결책이 될 수 없다.

미신에 대해 쉽게 정의하기란 쉽지 않다. 미신을 이성적 근거로 판단할 수 있는 것을 넘어선 무언가를 믿고자 하는 성향이라 정의한다면, 우리는 언제까지나 무력한 존재로 남아 있을 수밖에 없다. 이성을 적용할 수 없는 영역에서는 우리가 의지할 것이 아무것도 남지 않기 때문이다. 그럴 때 진정 우리가 무엇을 믿고 기댈 수 있겠는가? 초창기에 종교와 철학은 사람들에게 미신을 불어넣고 장려했지만, 결국 오래전에 미신에 등을 돌렸다. 과학조차도 인간의 내적 의식으로만 다가갈 수 있는 영역을 지워버리려 하고 있다. 과학은 인간의 정신적 측면에 대해서는 아는 것이 거의 없기 때문이다. 불가해한 미지의 것들은 여전히 우리의 손아귀를 벗어난다. 하지만 안타깝게도 과학과 철학, 종교 등 문명이 지닌 모든 힘들을 합쳐도 지금까지 미신을 완전히 근절해 내지는 못했다.

오늘날 학자들은 비교 신화(comparative mythology: 세계 여러 민족의 신화를 비교하여 신화의 발생 및 기능 등을 연구하는 인문학의 한 분야를 말한다-옮긴이 주) 연구를 바탕으로 현대의 미신을 해석하려는 노력을 보이기도 한다. 이들의 이론에서 흥미로우면서도 도움이 될 만한 것은, 우리가 어렸을 때부터 들은 이야기는 대부분 고대의 민담에서 이어져 내려온 이야기라는 점이다. 어릴 적에 듣던 '잭과 질(Jack and Jill)' 이야기에서 아주 먼 옛날의 사람들의 생활상을 엿볼 수 있고, '빨강 모자(Little Red Ridding Hood)'와 매우 유사한 이야기를 독일의 늑대인간 민담에서 찾을 수 있다. 또한 서양의 '잭과 콩나무'는 아마도 동양의 '요나의 조롱박'에서 기원했을 것이다.

과거의 흔적을 끝까지 추적하기 힘들 정도로 아주 오래된 이러한 미신들은 오늘날까지 사라지지 않고 꿋꿋이 살아남아, 여느 때처럼 큰 인기를 누리며 우리에게 무수한 영감과 생각거리를 던져준다.

미신의 역사는 인류의 역사만큼이나 오래된 것으로 보인다. 그 때문에 문명이 발생하기도 전의 까마득한 옛날에 어떻게 미신이 탄생했는지에 대한 의문보다는, 오히려 어떻게 미신이 수 세기동안 명맥이 끊이지 않고 오늘날까지 집요하게 이어져 올 수 있었을까 하는 물음이 자연히 떠오른다.

야만인들을 포함한 대부분의 민족들은 내세(來世)의 존재를 믿었으며, 이들은 내세에서 생전의 선과 악에 대한 보상과 처벌을 받게 될 것이라 여겼다. 내세에 대한 자연스러운 믿음이 있었기에 사람들은 내세에 대해 조목조목 따져 물으며 탐욕스럽게 알아내려 한다거나, 혹은 내세의 숨겨진 비밀을 굳이 밝혀내려 하지 않았다. 그리고 이 같은 생각은 지식과 학문을 자랑스레 내세우는 실용주의의 시대인 오늘날까지도 완전히 사라지지 않고 있다. 마치 금단의 열매처럼 세상의 숨겨진 비밀은 나약한 인류에게 있어 반드시 알고 싶지만 파고들어서는 안 되는 대상이었을 것이다.

그렇다면 우리가 이 세상 너머에 있는 비밀을 알아내기 위해서는 어떤 신비한 도구를 이용해야 할까? '천사보다 약간 낮은 존재'인 인간은 마음속에 상상 속의 이미지들을 그려낼 수 있는 초자연적인 힘을 갖고 있어서, 산 자와 죽은 자의 모습들을 떠올리거나, 혹은 공중누각을 지어 그곳에 사람들을 살게 할 수도 있다. 또 몽블랑 산 정상에 올라 그곳에 없는 친구와 나란히 서서 풍경을 감상하다가, 단숨에 눈밭을 헤치고 날아올라 태양이 내리쬐는 이탈리아의 정원으로 갈 수도 있다. 상상력을 발휘하기만 한다면, 순식간에 마법의 공간으로 이동할 수 있는 셈이다.

미지의 것과 소통할 수 있는 수단으로 상상력만한 것이 어디 있겠는가? 그리고 이토록 강력한 힘을 발휘하며 미지의 것과 소통할 수 있는 상상력이 있는데, 굳이 미지의 것의 '수수께끼'를 낱낱이 밝혀낼 필요가 뭐가 있겠는가?

나폴레옹은 상상력만 있다면 전 우주를 지배할 수 있다고 말했다. 세상 모든 사람들은 단테와 밀턴이 그랬던 것처럼 자신만의 천국과 지옥의 모습을 마음속에 그려낼 수 있다. 혹은 레오나르도 다 빈치나 무리요(Bartolomé Esteban Murillo: 스페인의 화가로 성경을 바탕으로 한 감미롭고 감상적인 화면을 즐겨 그렸다-옮긴이 주)가 그랬듯이 신적 신비를 상상해 낼 수 있을 것이다. 그리고 그 상상은 상상으로 만족할 뿐, 굳이 실체를 파헤치려 들지 않는다.

이처럼 상상력은 미지의 세계를 탐험하는 강력한 도구와도 같다. 바로 그렇기에 낡아빠진 과거의 기행으로만 여겨지는 미신을 새삼스럽게 되새겨 볼 가치가 있는 것이다.

하지만 미신을 상식적으로 정당화할 수 있느냐, 그렇지 않느냐 하는 것은 여기서 중요한 문제가 아니다. 흥미로운 점은 미신을 연구함으로써 인류가 어떤 존재의 도움이나 수호를 바라며 의지하는 노예적 사고방식에서 서서히 벗어나고 있다는 사실을 알 수 있는 것이다. 이는 공공연한 오류들을 바로잡는 데 지대한 역할을 해 온 과학으로도 설명하지 못하는 부분임에 틀림없다. 미신은 인간의 역사만큼이나 오랫동안 존재했으며, 인간사에서 능동적인 힘을 행사했음을 인정해야만 한다. 그러므로 미신을 연구하는 것은 결코 무의미한 일만은 아니다.

오래 전부터 전해지던 미신 중 인간사를 억압하던 악질적인 미신들은 현재 거의 사라졌으며, 일부는 힘이 점점 약해지고 있다. 그런데도 시시콜콜한 미신뿐만 아니라, 사람의 생명을 좌지우지하는 매우 치명적인 미신들 역시 여전히 성행하고 있는 것을 부정할 수는 없다. 예컨대, 아직도 마녀와 마녀에 의한 마법을 믿는 사람들이 있다. 불과 몇 달 전, 콜로라도의 한 법정에서는 한 여성을 살인한 죄로 기소된

자에게 무죄를 선고한 적이 있다. 피고는 자신이 살해한 여자가 자신에게 마법을 걸었다고 주장했고, 그의 증언을 그대로 믿은 배심원들에 의해 결국 그 피고는 석방되었다.

오늘날 최면술은 오랫동안 옛날 사람들의 몸과 마음을 괴롭히던 요술 혹은 마법 등의 문제에 대한 해답에 근접해 가고 있다. 최면술과 마술의 차이는 이러하다. 마술은 사탄의 권능으로부터 직접 사악한 힘이 작용한 결과라고 보는 반면, 최면은 최면상태에서 개인의 특별한 내적 능력으로부터 힘이 발휘된다고 보았다.

하지만 오늘날의 문명화된 사람들 중에서도 여전히 마법의 힘을 믿는 사람들은 적지 않으며, 심지어 매우 지적이고 교양이 있는 사람들조차도 인간 세상과 영혼의 세계 사이에는 알 수 없는 관련성이 있다고 굳게 믿곤 한다. 예컨대 카미유 플라마리옹(Camille Flammarion, 1842-1925, 프랑스의 천문학자이자 작가-옮긴이 주)과 같은 저명한 과학자는 자신이 수백 명의 영혼과 직접 소통을 한 적이 있다고 주장한 바 있다.[01] 그리고 뉴욕에 있는 '구세주의 교회'의 M. J. 새비지 목사는 최근에 신도들에게 강신술(spiritualism: 영매를 통해 살아 있는 사람에게 죽은 자의 영혼의 메시지를 전한다고 믿는 것-옮긴이 주)을 하겠다고 발표하기도 했다.

사람들이 이러한 믿음을 갖는 이유는 아마도 인간의 본성에서 찾을 수 있을 것이다. 우리 선조들이 초자연적 세계에 대한 기억을 고

집스레 간직해 왔던 것처럼, 오늘날에도 여전히 사람들은 이를 쉽게 떨쳐내지 못하고 있다. 사실 초자연적 요소들은 우리 마음속에서 꽤 나 많은 부분을 차지하고 있으며 인간의 힘으로 한계를 규정할 수도 없다.

먼 옛날부터 사람들의 관심사와 마음에 깊이 영향을 미치던 이러한 믿음들은 오늘날까지도 여전히 사람들에게 꽤나 큰 영향력을 발휘하고 있다. 이러한 믿음의 근원을 완전히 뿌리 뽑기 힘든 것은 인간의 나약함 때문이다. 그러니 이러한 사실을 포기하거나 감추려 하기보다는 그 사실을 인정해야만 할 것이다.

미신의 감성적 측면도 살펴볼 필요가 있다. 예컨대 고대의 신화를 바탕으로 한 아름답고 풍성한 이야기들에서 잡초를 뽑아내듯 이런 미신적 요소들을 몽땅 없애 버린다면 과연 인류가 일궈낸 최고의 문학 작품이 될 수 있었을까? 그리스와 로마 역사에서 신들을 모조리 지워버린다면 어떻게 될까? 사라져 가는 과거의 전설들을 모아서 아름답고 멋진 시로 탄생시킨 위대한 시인들의 작품은 또 어떠한가? 어떤 이가 말하길, 삶을 시로 노래한 것이 곧 신화요, 미신적인 사람들만이 시인이 될 수 있다고 했다.

역사적으로 청교도 조상들이 이곳 미국으로 건너왔을 때, 당시 이 땅은 구시대의 온갖 미신으로 가득 차 있었다. 그리하여 청교도인들은 이교도의 신화에 바탕을 둔 관례들을 없애기 위해 강경한 싸움을 벌여왔다. 이들은 메이폴May-poles(5월제의 기념 기둥으로 사람들은 이 기둥을 꽃 등으로 장식하여 주위를 돌며 춤을 추었다. 이 같은 풍습은 기독교가 아닌 이교도의 풍습이다-옮긴이 주)을 쓰러뜨리고 이러한 행사를 금지했지만, 성경을 너무나 받들었기에 마녀의 존재까지는 거부하지는 않았다(「출애굽기」 22장 18절에는 "마녀를 죽여라"라는 구절이 있는데 이는 마녀 사냥의 정당성을 제공했다-옮긴이 주). 호손(Nathaniel Hawthorne, 1804-1864, 미국의 소설가로, 주로 뉴잉글랜드 청교도인들을 배경으로 한 작품을 썼다. 대표작으로는 『주홍글씨』가 있다-옮긴이 주) 같은 작가들에 따르면, 당시 다소 야만적이고 수수께끼 같은 행동을 하는 인물들이 마을에 종종 있었고, 이러한 사람들의 이상야릇한 행동 때문에 청교도인들은 이들을 마녀로 단정 지었던 것 같다.

어쨌든 청교도인들은 온갖 징조나 유령, 허깨비, 마녀뿐만 아니라 심지어 인간의 모습을 띤 악마의 존재를 믿기도 했고, 덕분에 이들에게는 온갖 사건사고와 근심걱정이 끊일 날이 없었다. 간단히 말해 이들은 범상치 않은 사건이 일어나기만 하면, 이를 곧바로 악마의 소행과 관련지었다. 그리고 오늘날에도 여전히 많은 이들은 이와 같은 생각을 갖고 있다.

일부 지각없고 무자비한 비평가들은 뉴잉글랜드의 청교도인들이, 쓸모없는 짐짝 같은 미신들을 후대에 남긴 데 대해 악평을 하곤 한다.

하지만 사실상 유대인, 기독교인, 프랑스인, 독일인, 버지니아 및 뉴
잉글랜드 주민 할 것 없이 그 시대에 살고 있던 사람들이라면 누구나
후대에게 엄청나게 많은 미신을 물려주었다. 예컨대, 미신이 이미 오
래전부터 만연했다는 증거는 차고 넘친다. 예를 들면 다음과 같다.

"존 코튼(John Cotton, 1585-1652: 영국 목사로 청교도인이었으나 영국
성공회의 탄압을 받고 식민지였던 미국으로 건너갔다-옮긴이 주)은 영국 링
컨셔 주 보스턴의 전직 목사였다. 존 코튼이 떠난 후, 주교는 그 교회
에 오르간을 설치하고 싶어 했지만 교구민들은 탐탁지 않아 했다(당
시 청교도인들은 교회가 경건한 장소여야 한다고 믿었기에 오르간을 놓는 것
을 반대했다-옮긴이 주). 하지만 주교는 오르간을 설치할 것을 밀어붙
였고, 결국 그렇게 했다. 하지만 오르간이 새롭게 설치되었을 때 사
나운 폭풍우가 창문으로 몰아쳤고, 창을 통해 들어온 바람은 오르간
을 다른 창문으로 날려 버렸다. 결국 오르간과 창문은 모두 처참히 부
서져 버렸다. 이후 그 창문은 기적적인 힘의 증거로써 널리 알려졌고,
오늘날까지 그 창문의 유리창은 끼워지지 않은 채 남아 있다."[02]

식민지 정착 시기 전부터 영국에서 미신이 만연했다는 증거는 「옥
스퍼드에서 왕과 함께With the King at Oxford(1885)」라는 역사 에세이에
서도 찾아 볼 수 있다. 옥스퍼드의 보들리 도서관에 간 왕(찰스 1세를
말한다. 신앙심이 깊었던 찰스 1세는 왕권신수설을 지지하는 통치 방식으로

의회와 마찰을 빚었고 내전 상황을 초래한 죄로 1649년 단두대에서 처형당했다-옮긴이 주)은 베르길리우스(Virgil, 70-19 B.C.: 고대 로마의 시인-옮긴이 주)의 책을 보았다. 포클랜드 경은 왕에게 책갈피 사이 아무 곳에나 칼을 끼워 보라고 제의했고, 왕은 그렇게 했다. 왕이 칼을 끼워 넣은 페이지를 펼치자, 다음과 같은 문장이 나왔다.

"거친 민중들이 일으키는 전쟁으로 고통 받을 지어다.

이곳저곳으로 쫓겨 다니고 추방당할 지어다.

자식의 죽음에 애걸복걸하며 도움을 구할 것이고,

친족들의 죽음과 살육을 보게 될 것이다."

이 무시무시한 문장을 본 찰스 왕은 매우 심기가 불편해졌고, 포클랜드 경은 근심에 찬 왕의 마음을 돌리려고 애를 썼다.

영국에서 신분이 높았던 인물과 관계된 증언을 하나 더 소개해 볼까 한다. 네헤미아 월링턴(Nehemiah Wallington, 1598-1658: 영국 청교도 저술가-옮긴이 주)은 청교도인들의 박해자로 악명이 높았던 대주교 윌리엄 로드(William Laud)에 대해 다음과 같이 적고 있다.

"윌리엄 로드가 캔터베리의 대주교로 임명된 매우 영광스런 그날, 마차와 말들이 램버스에서 물에 빠지는 일이 있었다. 윌리엄 로드 대

주교는 이것이 부디 나쁜 징조가 아니기를 기도했다."

신앙심이 깊은 미국의 선조들은 소위 '심판', 혹은 악인을 향한 신의 직접적인 분노를 마음 깊이 믿었다. 이러한 내용은 인크리스 매더(Increase Mather, 1639-1723: 미국의 청교도 목사이자 저술가-옮긴이 주)의 저서인 『놀라운 신의 섭리Remarkable Providences』를 읽은 독자라면 충분히 이해할 수 있을 것이다. 하지만 비단 청교도인들만 그런 믿음을 가졌던 것은 아니다. 시인 밀턴(John Milton, 1608-1674: 영국의 시인으로 대표작으로는 「실낙원Paradise Lost」이 있다-옮긴이 주)과 관련된 일화를 하나 소개하자면 이렇다.

밀턴이 시력을 잃게 된 후, 요크 공(후에 제임스 2세가 된다)은 밀턴이 시력을 잃은 것은 그가 고인이 된 왕(단두대에서 처형당한 찰스 1세를 의미한다-옮긴이 주)을 비판한 데 대해 신이 심판을 내린 결과가 아니냐고 물었다. 그러자 밀턴은 요크 공에게 "제가 시력을 잃은 것이 하늘의 심판 탓이라면, 돌아가신 왕의 죽음은 어떻게 설명하실 것입니까? 저는 고작 시력을 잃었지만, 찰스 왕께서는 목숨을 잃지 않으셨습니까?"라고 답했다.

영국 신사인 존 조셀린(John Josselyn, 1638-1675: 17세기 영국의 여행가로 뉴잉글랜드를 여행한 후 이에 대한 기록을 남겼다-옮긴이 주)은 뉴잉글랜드 지방, 그중에서도 메인 주의 스카버러에서 시간을 보낸 후에 영국으로 돌아가 1672년에 『뉴잉글랜드의 진기함을 발견하다New England's Rarities Discovered』라는 제목의 짧은 책을 발표했다.

오늘날 관점으로 볼 때, 조셀린이 '발견'한 것은 정말로 진기했다. 그는 책에서 놀랍고도 기이한 몇몇 현상들에 대해 상세하게 묘사하고 있는데, 덕분에 우리는 그 책이 발표된 영국에서도 놀랍고 기이한 현상들에 대한 이야기가 각광받았다는 사실을 알 수 있다.

그의 책에 나오는 '진기한' 사례 중 하나를 잠시 소개해 보고자 한다. 그는 "굴뚝 위에서 둥지를 짓고 사는 제비들이 철이 바뀌어 이동할 때, 제비들은 집 주인에게 감사의 표시로 새끼 한 마리를 굴뚝 아래로 떨어뜨리고 간다"라고 적고 있다. 뒤이어 덧붙이길 "제비들은 몰락한 가문은 내버리고 더 이상 찾지 않는데, 이는 내가 직접 목격한 바 있다"라고 썼다. 하지만 그가 책에서 언급하고 있는 경이롭고 놀라운 일들은 오래 전부터 영국에서 전해져 내려오는 미신에 바탕을 두고 있으며, 이를 진실인 양 각색한 것들이 대부분이다.

미신적 믿음들은 엄격한 형법으로 옹호되며 대대손손 후대에까지 전해졌다. 그리고 여러 가지 형태로 모습을 바꾸며 오늘날까지 이어졌다. 폴리니우스(셰익스피어의 햄릿에 왕의 조언자이자 오필리어의 아버지로 등장하는 인물-옮긴이 주)는 이렇게 말했다.

"······ 안타깝지만 그건 사실입니다.

정말 안타깝지만 사실인 건 어쩔 수 없지요."

(《햄릿》 2막 2절에 나오는 말로 폴로니우스가 안타깝지만 햄릿이 정말로 미쳤다고 왕비에게 고하는 대목이다-옮긴이 주)

일부 미신들은 매우 유치하고 조악한데도 널리 알려져서 사람들의 마음속에 기정사실로 자리 잡곤 한다. 내가 살펴본 바에 따르면, 매우 지적인 사람들조차도 운과 관련된 미신을 그대로 믿고 따르는 경우가 허다했다.

일찍이 베이컨 경은 "현명한 사람도 멍청한 사람처럼 미신을 믿는다"라고 말한 적이 있다. 이 말은 오래전부터 전해 내려오던 미신을 믿고 따르며 미신을 조장하는 데 한몫 했던 대학교수나 혹은 수도원의 성인들을 겨냥한 것이 분명하다. 물론 이런 이들이 어쩌다가 다소 미신적인 소견을 표했다는 것만으로, 지적인 사람이 미신을 믿었다며 쉽게 비웃기에는 다소 조심스러운 측면이 있다.

하지만 제대로 배우지 못한 일반인들의 경우는 상황이 다르다. 이들에게 미신은 너무나 널리 퍼져 있었기 때문에 사람들은 미신적 성향을 굳이 숨기려 하지도 않는다. 다수의 기관에서 미신을 없애려는 노력이 있어 왔지만 그리 순조롭지는 못했다.

미신을 없애기 힘들기는 도시나 시골이나 마찬가지다. 근래에 사람들 사이에서 '행운의 상자'에 대한 열풍은 가히 상상을 초월할 정도이다. 운을 점쳐 주는 '행운의 상자'는 뉴잉글랜드의 전역에서 폭발적인 인기를 얻고 있으며, 사람들은 온갖 시시껄렁한 일들을 어떤 일의 '전조'라며 갖다 붙이고 있는 실정이다.

50년 전에 시인 휘티어(John Greenleaf Whittier, 1807-1892: 미국의 시인으로 지방색이 강한 시를 썼다. 흑인 노예 해방을 열렬히 주장하기도 했다-옮긴이 주)는 "지난 300년 동안 사람들이 믿어왔던 미신은 지금도 여전히 우리 개개인의 마음속에 스며 있다"라고 말했다. 이 거침없는 주장에 따르면, 아마 현재 우리의 상황도 당시보다 딱히 대단히 나아지지는 않았을 것이다.

이 책에 나오는 사례들은 대부분 내가 보거나 들은 것이다. 일부는 친구로부터 들은 것이며, 신문에서 발췌한 것도 많다. 독자들은 미신과 관련된 사례들이 이토록 많다는 사실에 놀랄지도 모른다. 하지만 아마도 독자들 역시 내가 보고 들은 것만큼이나 미신과 관련된 이야기를 많이 알고 있을 것이다. 그러니 미신이 우리 주위에 만연해 있다는 걸 솔직히 인정하고 받아들이도록 하자. 굳이 감출 필요는 없다. 침묵이 금일지는 모르지만, 침묵한다고 해서 바뀌는 건 아무것도 없기 때문이다.

The Myths and
Fables of To-Day

—

PART 2
민담과 전래 동요

“아이들과 광대들은 모두 점쟁이다”라는 오랜 속설이 있다. 어린 시절에 우리가 차고 넘치도록 들었던 무수한 민담이나 전래 동요에는 온갖 미신적 개념이 고스란히 담겨 있다. 어린 시절을 떠올려 보자. 우리는 거인과 난쟁이, 유령과 요정, 그리고 온갖 상상 속의 창조물들에 대한 이야기에 얼마나 귀를 쫑긋 세웠던가!

우리는 지금도 천진난만한 어린 시절에 들었던 신비롭고 경이로운 이야기들을 생생히 기억할 수 있다. 그리고 그 이야기에 얼마나 흥분하고 깊이 빠져들었는지도. 우리는 당시에 귀 기울여 들었던 이야기들이 진실인 양 받아들였다. 잔인하고 악마 같은 ‘푸른 수염(샤를 페로가 쓴 동화로, 아내들을 죽인 후 시체를 벽장 속에 숨겨 두고, 새로운 아내를 계속해서 맞아들이는 남자의 이야기-옮긴이 주)'을 치를 떨며 미워했고, 또 '잭과 콩나무'에서 거인을 물리치는 용감한 잭을 얼마나 열렬하게 숭배했는지 모른다. 우리는 요람을 막 벗어날 때부터 이미 미신을 최초의 자연적인 법칙처럼 여겨왔으며, 어린 시절에 느꼈던 인상이나 감정들은 나이를 먹어서도 쉽게 사라지거나 잊히지 않는다. 게다가 우리는 제대로 말도 떼기 전에 '브라우니' 인형을 선물 받았고, 겨우 혀 짧은 소리를 내뱉을 즈음에는 다음과 같은 익숙한 전래 동요를 배웠다.

토실토실한 아가야, 잘 있어라.

Bye, bye, Baby Bunting,

아빠는 사냥하러 간단다.

Papa's gone a-hunting.

포대에 싸인 아기를 두고 토끼 사냥을 나가는 아빠가 등장하는 이 오래된 노랫가락을 들으면 자연스레 토끼의 이미지가 눈앞에 선하게 떠오른다. 이 천진난만한 노랫가락은 약간의 변형을 거치며, 통통한 꼬마에 대한 적어도 네 가지 이상의 노랫가락으로 바뀌었다.

"눈 깜박이는 톰 팅커

Eyes winker, Tom Tinker"

등의 노랫가락을 비롯하여,

"부자, 가난뱅이, 거지, 도둑,

Rich man, poor man, beggar man, thief,

의사, 변호사, 상인, 우두머리.

Doctor, lawyer, merchant, chief."

(아이들이 버찌 씨앗이나, 단추, 꽃잎 등의 수를 셀 때 리듬을 붙여서 부르
는 노래이다-옮긴이 주)

혹은 오래 전, 바다 건너 영국에서는 이렇게 부르기도 했다.

"땜장이, 재단사,

A tinker, a tailor,

군인, 선원,

A soldier or sailor,

부자, 가난뱅이,

A rich man, a poor man,

아이들의 순수한 마음은 미신을 받아들일 준비가 갖추어진 최적의 토양과도 같다. 아이들은 밖에 나가 친구들과 천진난만하게 뛰어 놀면서, 자신도 모르는 사이에 다양한 형태의 주술을 행하곤 한다. 이를테면, 다음과 같은 행위들이 그렇다.

구슬치기 놀이를 할 때, 상대편의 주의를 흩뜨리기 위해 "십자가를 반짝(criss-cross)"이라고 중얼거리며 땅에 십자가를 그리는 행위가 그렇다. 나는 학창 시절에 아이들이 그렇게 노는 모습을 종종 보았다. 이러한 행동은 악령의 힘에 대항하기 위한 부적으로써 십자가를 긋는 오래 된 미신으로부터 유래한 것이다.

언뜻 보기에는 그저 순수해 보이기만 하는 "십자기를 반짝"이라는 말도 사실은 '예수의 십자가Christ's Cross'에서 유래한 것이라 여겨진다.

남녀 아이들이 사과 씨앗을 세며 읊조리는 예쁜 노랫가락은 독일의 꽃점(flower oracle: 꽃을 통해 점을 보는 주술-옮긴이 주)과 매우 유사하다. 이는 조금 나이대가 있는 소년, 소녀들이 주로 불렀는데 그 내용은 다음과 같다.

"하나면 내가 사랑하고,

둘이면 내가 사랑하고,

셋도 내가 사랑하는 것이고,

넷은 내가 온 마음을 다 바쳐 사랑하는 것이고,

다섯이면 내가 변심하고,

여섯이면 남자가 사랑하는 것이고,

일곱이면 여자가 사랑하고,

여덟이면 둘 다 사랑하고,

아홉이면 그가 오는 것,

열이면 그가 애태우며 기다리는 것,

열하나면 그가 청혼하는 것이고,

열둘이면 그가 결혼하는 거라네."

예쁜 노란빛 야생화인 미나리아재비buttercup를 상대방의 턱 아래에 가져다 댄 후, 턱 아랫부분에 노란 빛이 비치면 상대가 버터를 좋아한다고 예측하는 것도 오래전부터 전해 내려오던 미신이다. 또 민들레 홀씨를 불어서 날린 후에 시간을 알아보는 방법도 있다. 민들레꽃은 주로 새벽 다섯 시에 벌어지고 저녁 여덟 시 경에는 닫히는 성질이 있기 때문에, 양치기들은 민들레꽃을 방 안에 두고 시계대용으로 쓰기도 했다.

또 민들레꽃에는 '소박한 예언'이라는 꽃말이 붙어 있다. 아이들은 민들레 홀씨가 남김없이 날아갈 때까지 입으로 바람을 분 횟수를 세면 시간을 알 수 있다고 믿었다. 비슷한 방식으로 아이들은 민들레 홀씨를 불어서 엄마가 자신을 사랑하는지 그렇지 않은지 예상해 보기도 했다. 그리고 홀씨를 불어 사랑하는 이에게 전언을 담아 보내거나, 상대가 자신을 생각하고 있는지 그렇지 않은지, 혹은 상대가 동서남북 중 어느 방향에 사는지 등을 점쳐보기도 했다.

또 전래 동요에는 기원의 의미가 담겨져 있다.

"비야, 비야, 물러가렴.

Rain, rain, go away,

다른 날 다시 오렴.

Come again another day."

이와 비슷한 또 다른 노랫가락도 있다.

"달팽이야, 달팽이야,

집에서 나오렴."

이 노래는 중국에서 다음과 같이 변형되었다.

"달팽이야, 달팽이야, 구멍에서 나오렴.
안 그러면 멍이 들도록 때려 줄 거야."

유사한 형태로 아이들이 탄원이나 기원을 담아 부르는 노랫가락 중, 무당벌레가 등장하는 것도 있다.

"무당벌레야, 무당벌레야,
어서 집으로 날아가렴.
네 집이 불타고 있단다.
네 아이들이 불에 타 버릴 거야."

소년들이 축구나 야구 경기의 편을 가를 때 많이 쓰는 '막대기 재기'라는 방식이 있다. 한쪽 팀의 주장이 먼저 막대를 공중에 던져 올린 후, 막대가 떨어질 때 막대 아래에서 한 뼘 정도만 남긴 부분을 요령껏 잡는다. 막대를 쥔 바로 윗부분부터 상대방과 두 손을 번갈아가며 막대의 남은 부분을 잡고 측정한다. 막대 맨 끝부분을 쥘 공간을 확보하는 사람이 우선권을 갖게 된다. 이러한 방식은 우선권을 '운'에 맡기는 기원적 의미를 가진 제비뽑기 방식이라 할 수 있다.

호소 및 기원하는 의미를 띤 전래 동요 중 소년들이 잭나이프나 구슬 등을 서로 교환할 때, 거래를 확실히 매듭짓기 위해 부르는 노랫가락도 있다.

"어서 빨리 결정해.

이제 줘, 이제 줘.

절대 되돌리기 없다."

또 아이들이 '술래'를 결정할 때 쓰는 방식에서도, 제비뽑기로 죄인을 지목하던 고대 관습의 흔적을 찾을 수 있다. 프랜시스 버턴(Richard Francis Burton, 1821-1890: 영국의 탐험가, 인류학자, 작가로, 1858년 탕가니카 호를 발견했고, 1881년 황금 해안을 조사하는 등 주로 아프리카 지방을 탐험했다-옮긴이 주)에 따르면, 이 야만적이고 조악한 노랫가락은 오늘날 영국의 콘월 지방에 여전히 남아 있다고 한다.

"에나, 메나, 보라, 미,

Ena, mena, bora, mi,

키스카, 라라, 모바, 디,

Kisca, lara, mova, di,

달걀, 버터, 치즈, 빵,

Eggs, butter, cheese, bread,

나뭇가지, 줄기, 돌처럼 죽었다.

Stick, stock, stone dead."

　잡기놀이나 숨바꼭질을 할 때, 이 노래 맨 마지막에 나오는 '마법'의 단어에 해당하는 아이가 희생자, 혹은 술래가 된다. 이처럼 맨 마지막 단어에 해당하는 사람을 술래로 정하는 경우의 또 다른 예는 다음과 같다.

"하나, 둘, 이커리 앤,

필리시, 팔러시, 니콜라스, 존,

퀴버, 퀘버, 영국 악당,

스팅클럼, 스탱클럼, 제리코, 벅."

　더 간단한 술래 뽑기 노랫가락은 이러하다.

"하나, 둘, 셋

네가 술래야."

이 역시 다른 지역에서 술래를 뽑는 방식이다.

"틱, 탯, 토.

Tit, tat, toe."

이러한 노랫가락들은 게임을 진행하기 위한 수단이 되었을 뿐만 아니라, 특정한 '마법의 단어'의 효험을 믿고 성공을 기원하는 마음 역시 담겨 있다. 이런 생각들은 아이들의 마음속에 오랜 전통과 습관에 의해 깊이 스며들어 있었기에, 아이들은 이처럼 무의미하고 다소 유치한 노랫가락들을 오랫동안 반복해 왔을 것이다. 비록 이런 것들이 유치해 보인다 할지라도, 이는 미신에 대한 얽히고설킨 문제들을 이해하는 실마리를 제공한다. "아이들은 어른의 아버지다"라는 말은 미신의 문제에서도 예외 없이 적용되기 때문이다.

미신은 그저 과거의 산물이 아니다.
미신은 오늘날에도 엄연히 존재하고 있다!

The Myths and
Fables of To-Day

PART 3
날씨와 관련된 미신

"아름다움은 추악하고, 추악함은 아름답다."
-셰익스피어
(〈맥베스〉의 1막 1장에 나오는 문장-옮긴이 주)

아주 오래 전부터 사람들의 일상에 깊이 파고든 것 중 소위 '징조sign'라는 것이 있다. 어떤 이들은 징조를 그저 재미있고 독특한 상상으로 받아들이는 반면, 여기에 꽤나 커다란 의미를 부여하며 심각하게 받아들이는 이들도 있다. 사람들이 징조를 얼마나 진지하게 믿건 상관없이, 이러한 징조들은 사람들의 대화 속 어디에든 불쑥불쑥 등장한다. 징조는 오랜 전부터 이어져 내려온 것들이지만, 지역에 따라 많은 차이가 있다.

날씨에 대한 징조나 조짐과 관련된 이야기들이 모두 터무니없는 미신에 근거한 것만은 아니다. 사실 오늘날 날씨와 관련된 다수의 속담들은 과학적 관측과 상당 부분 일치하는 것들이 많으므로, 이러한 것들은 '미신'에서 제외해야 할 것이다. 이들은 미신이라기보다는 옛날 사람들이 오랜 시간동안 자연의 변화를 겪으면서 얻은 소박한 기록이라 할 수 있다. 심지어 오늘날 기상청에서조차 틀린 예측을 내놓는 경우가 다반사이니, 기상청의 일기 예보가 날씨에 관한 오래된 속설보다 딱히 나을 것도 없는 셈이다. "건조한 날에는 모든 예보가 들어맞지 않는다"라는 속담도 있지 않은가.

날씨와 관련된 미신에는 다음과 같은 것들이 있다.

고양이가 집 주위를 신나게 뛰어다니면, 바람이 불 징조이다.

고양이가 머리로 귀 뒤쪽을 비비면 비가 올 징조이고, 불이 있는 방향으로 꼬리를 둔 채 앉으면 날씨가 나쁠 것이다.

거미가 벽을 타고 기어오르면 비가 올 것이다.

개가 풀을 뜯어먹으려는 행동을 보이면 날씨가 습할 징조이다.

비가 오기를 바란다면 뱀가죽을 매달아 놓아라.

풀에 거미줄이 두껍게 쳐진 채, 아침에 반짝이는 이슬이 맺혀 있다면 비가 올 것이다. 하지만 종종 이와 정반대로 말하는 이들도 있다. 이런 상황은 "두 개의 점괘가 서로 대치하는 웃지 못할 상황도 있다" 라는 카토(Cato 234-149 B.C.: 옛 로마의 장군이자 정치가-옮긴이 주)의 옛말을 상기시킨다.

주전자 안의 물이 빨리 끓으면, 이는 틀림없이 비가 올 징조이다. 한 중년 부인은 내게 꽤나 진지한 말투로 "흐린 날에는 물이 유난히 빨리 끓기 때문에 주전자 물이 닳아 없어지지 않도록 물을 두 배는 더 부어야 해요"라고 한 적이 있다.

흐린 날, 가축들이 나무 아래로 간다면 소나기가 올 것이다. 가축들이 나무 아래 머물며 풀을 뜯는다면 비가 억수같이 내릴 것이다.

조수가 밀물로 바뀌기 전까지는 위협적인 폭풍우가 휘몰아치거나 바람이 세게 불지 않을 것이다. 이는 해안가에 사는 사람들뿐만 아니라 선원들 모두가 철석같이 믿고 있는 사실이다.

썰물이 시작되기 전까지는 병든 사람이 죽지 않는다는 믿음도 있다. 썰물이 되어 바닷물이 빠지기 시작할 때 생명도 함께 사라진다고 믿었기 때문이다. 이 이야기는 메인 주의 항구 도시 사람들로부터 종종 듣곤 했다.

바닷물이 들고 나는 것, 즉 조수의 영향력과 관련된 미신들은 아주 오래전부터 이어져 내려오던 믿음이다. 철학자이자 수학자였던 피타고라스는 바다의 밀물과 썰물은 세계 그 자체가 호흡하는 것이라고 굳게 믿었다. 한마디로 살아 있는 거대한 생명체가 공기 대신 바닷물을 들이마셨다가 뱉었다 한다는 것이다.

갈릴레오의 이론을 주워들은 것이 분명한 어느 늙은 선원은 조수의 움직임을 침대 위에서 돌아누울 때 이불이 함께 딸려가는 것에 비유하며 구구절절 설명하기도 했다. 그의 말인즉, 세계가 몸을 돌려 방향을 바꾸면 바닷물 역시 방향을 바꾼다는 것이었다.

또한 이런 미신들도 있다. 비오는 날에는 결코 벌을 볼 수 없다. 벌이 비 냄새를 맡으면 벌집 주위를 떠나지 않기 때문이다. 반대로 벌이 벌집을 떠나 멀리까지 날아다니면, 그날은 틀림없이 화창할 것이다. 옛날 사람들은 부지런한 작은 생명체인 벌들이 거의 인간과 같은 수준의 지적 능력을 갖추고 있다고 굳게 믿었다.

다람쥐들이 평소보다 도토리를 더 많이 모은다면 그해 겨울을 추울 것이다.

11월의 거위의 뼈가 굵직하다면, 그해 겨울은 여느 때보다 혹독한 겨울이 될 것이다. 이러한 예측은 계절이 규칙적으로 바뀌는 것처럼 일정한 주기를 갖고 나타난다.

신화와 미신 그 끝없는 이야기

유성이 많이 떨어지면 폭설이 내릴 것이다.

일곱 시 전에 비가 내리면, 열한 시 전까지는 맑아질 것이다.

첫눈이 내린 달month의 남아 있는 날짜만큼, 겨울에 눈보라가 휘몰아칠 것이다.

눈이 내리는 것은 하늘 위에서 늙은 여인이 깃털 침대를 흔들기 때문이다. 이는 어른들이 아이들에게 흔히 들려주는 이야기다.

메인 주의 해안에 만조가 들면 비가 올 것이다.

사향뒤쥐가 평소보다 높은 곳에 둥지를 만들면 연못과 개울의 수위가 높아질 것이라는 뜻이므로 봄에 비가 많이 내릴 것이다.

"겨울 안개가 끼면

개가 죽는다."

이 말은 해빙기에 만물이 녹기 시작하면, 안개가 잦아지고 비가 많이 내리므로 질병이 많이 생긴다는 것을 의미한다.

겨울에 천둥이 치면 노인과 아이들이 죽어나간다.

북서풍이 불 때 사업을 시작하라. 북서풍은 맑은 하늘과 상쾌한 공기를 의미하니, 이는 곧 정신이 맑아지고 에너지가 솟구친다는 말이다. 비록 햄릿은 "나는 오직 북북서로 미쳤을 뿐, 남쪽에서 바람이 불 때면 매와 톱을 구분할 줄은 안단 말이야(I am but mad north-north-west; when the wind is southerly I know a hawk from a handsaw)"라고 했지만 말이다.

설령 보이진 않는다 해도, 태양은 부활절 아침에 늘 춤을 춘다.

아주 오래된 날씨에 관한 시에는 다음과 같은 지혜가 담겨 있다.

"잿빛 저녁과 붉은 아침은

여행자의 머리 위에 비를 불러오고,

붉은 저녁과 잿빛 아침은

여행자가 제 갈 길을 가게 해준다."

신화와 미신 그 끝없는 이야기

오랫동안 사람들 사이에서 통용되어 온 세속적인 믿음이 과학적 사실로 받아들여진 사례도 있다. 달이 바다의 조류에 영향력을 행사한다는 사실이 그렇다. 달이 날씨에 미치는 영향력은 수 세기동안 사람들 사이에서 널리 이어져 왔고, 사람들은 이러한 믿음을 제법 신빙성 있는 사실로 받아들였다. 하지만 문제는 사람들이 여기서 그치지 않았다는 것이다. 즉, 하늘에서 신비롭게 빛나는 저 달이 조류에 영향력을 미치는 기적을 행한다면 다른 기적들도 행하지 못할 이유가 없다고 여긴 것이다. 그리하여 무지몽매한 대중들은 달에 대한 터무니없는 추론을 하기도 했다.

달에 대한 가장 유명한 오류는 달이 "초록빛 치즈"로 만들어졌다는 것인데. 이러한 개념은 존 헤이우드(John Heywood, 1497(?)~1580(?): 영국 헨리 8세의 궁정시인 겸 극작가-옮긴이 주)의 시와 새뮤얼 버틀러(Samuel Butler, 1612-1680: 영국의 풍자시인-옮긴이 주)의 「휴디브라스Hudibras」라는 풍자시에 등장했다. 달이 치즈로 만들어졌다는 주장은 터무니없는 소리지만, 오늘날 여전히 이를 반쯤은 진심으로 믿는 사람들도 있다.

이와 비슷하게 달이 차는 시기에 머리카락을 자르면 머리카락이 더 잘 자랄 것이라는 허황된 믿음도 있다.

뿐만 아니라, 우리 조상들 중 일부는 달 표면의 사람 형체처럼 보이는 반점이 피와 살이 있는 생명체라고 굳게 믿었다. 〈별난 신화들 Curious Myths〉 3장에서 바링 굴드(Sabine Baring-Gould, 1834-1924: 영국의 성직자, 목자, 학자-옮긴이 주)는 이러한 믿음의 근원을 언급하기도 했다.[03]

오래된 스코틀랜드 시 중에는 이런 구절이 있다.

"토요일의 초승달, 일요일의 보름달은

모두에게 불길하기 짝이 없도다."

사람들은 초승달의 뾰족한 양끝이 살짝 아래로 기울어졌을 때는 비가 적당히 오고, 많이 기울어지면 홍수가 온다고 여겼다. 반면, 초승달의 뾰족한 양 끝이 반듯하게 누워 있을 때는 틀림없이 날씨가 건조할 징조라 믿었다. 『애덤 비드Adam Bede』(조지 엘리엇이 1859년에 발표한 장편 소설-옮긴이 주)에는 "지금 달이 보트처럼 누워 있으니 비가 올 가능성은 전혀 없어"라고 말하는 구절이 나온다. 뉴잉글랜드 전역에서는 초승달이 아래를 향하고 있으면, 물을 담을 수 없기 때문에 지상으로 비가 쏟아져 내린다고 믿었다. 이러한 믿음을 바탕으로 초승달의 기울기에 따라 습하거나 건조한 날씨를 예측하는 속담이 많다.

바다제비가 항해 중인 배를 따라 날아오면, 선원들은 이를 폭풍우의 전조라 여기고 돛과 밧줄을 내리곤 한다. 이러한 미신과 관련하여 리처드 마서 목사의 일기에서 다음과 같은 구절을 찾을 수 있다.

"오늘과 이틀 전에 우리는 제비처럼 보이는 작은 새 한 마리가 배를 따라오는 걸 보았다. 이 새는 나쁜 날씨를 피해서 배를 따라온다고 알려져 있다."

이런 이유로 뱃사람들은 대양을 떠돌아다니는 이 자그마한 새 한 마리를 쏘아 죽이기라도 하면 엄청난 재난이 뒤따를 뿐만 아니라, 즉시 거센 폭풍우가 휘몰아칠 것이라 믿었다. 하지만 크라켄(북극 바다에 산다고 일컬어지는 거대한 문어나 오징어류의 총칭. 거대한 범선 하나는 쉽게 덮쳐 선원들을 공격한다고 전해진다-옮긴이 주)이나 인어, 바다뱀, 그리고 키메라 같은 온갖 바다 생명체의 존재에 대해 숱하게 들어왔으며, 흔들리는 갑판 위를 자유자재로 뛰어다니는 강인한 뱃사람들이 어찌하여 새 한 마리에 대해 그런 망상을 품게 되었는지 그 이유는 여전히 의문으로 남아 있다.

한편, 아침에 암말의 꼬리처럼 길게 늘어선 구름이 드리워지면 날씨가 나쁠 징조이다. 짙은 수증기가 선처럼 가늘고 길게 늘어져서, 하늘을 광활하게 가로지르며 낮게 뻗어 있는 구름의 형태를 '권운'이라 하는데, 그 모습은 마치 증기선이 내뿜는 기다란 연기처럼 보인다. 하늘에 나타난 권운은 깨끗한 하늘에 검은 손이 드리워진 것처럼 보여서, 사람들은 권운이 등장하면 폭풍우가 칠 전조라고 여겼다. 그래서 다음과 같은 이야기가 전해진다.

"하늘이 비늘구름(적란운)과 암말의 꼬리구름(권운)으로 뒤덮이면

범선은 돛을 내린다."

성촉절Candlemas Day(성모 마리아의 순결을 기념하는 날로 2월 2일에 해당한다. Groundhog Day라고도 한다-옮긴이 주)[04]에 고슴도치가 구멍에서 나와, 자신의 그림자를 보고는 겨울이 아직 반밖에 지나지 않았다고 생각하고 다시 잠을 자러 들어간다고 한다. 이와 관련하여 사람들은 이렇게 날씨를 추측했다.

"성촉절이 청명하면,

그해에 겨울이 두 번 찾아오리니."

독일에서는 고슴도치뿐만 아니라 곰에 대해서도 그렇다고 믿었다. 독일 사람들은 성촉절에 오소리가 슬그머니 구멍 밖을 살핀 후에, 땅 위에 눈이 있으면 밖으로 나오고, 태양이 빛나면 다시 구멍으로 쏙 들어가 버린다고 여겼다. 어쨌든 뉴잉글랜드에서 나고 자란 대부분의 시골 사람들은 이 작은 육식 동물의 습성을 보고 날씨를 예측하면 절대 틀릴 리가 없다고 굳게 믿었다.

이와 유사한 형태의 예측은 또 있는데, 성촉절에 날이 화창하면 성촉절 이후에 눈이 온다는 것이다.

"성촉절이 화창하면

5월까지 눈이 내릴 것이다.

성촉절에 눈이 내리면

5월까지는 화창할 것이다."

또 비슷한 경고를 하는 오래된 예언도 있다.

"성촉절까지 나무와 건초 반절은

반드시 남겨 두어야 한다."

(겨울이 길어질 수 있으니 긴 겨울에 대비해야 한다는 의미-옮긴이 주)

한 늙은 캘리포니아의 농부는 방울뱀들이 평소와는 달리 맥을 못 추는 것을 보고 가뭄을 예측했다. 방울뱀의 행태는 가뭄을 예측하는 확실한 '징조'로 여겨진다.

사과 껍질이나 옥수수 껍질이 유난히 두꺼우면 그해 겨울은 추울 것이다.

바람의 방향 역시 그날의 날씨가 습할지 건조할지, 더울지 추울지 예측하는 데 주로 이용된다. 하지만 이 모든 예측을 부끄럽게 만들어

버리는 노랫가락이 있는데, 그 내용은 다음과 같다.

"서풍은 늘 습한 날씨를 불러오고,

동풍은 차고 습한 날씨를 함께 불러오네.

남풍이야말로 확실히 비를 불러오고,

북풍은 다시금 비를 불러온다네.

만일 태양이 붉다면

필시 그 다음날에 비가 오고,

태양이 회색빛이라면

분명 다음날 비가 올 것이다."

이처럼 날씨에 대한 대부분의 '징조'라는 것들은 그것이 먹힐지 실패할지 제대로 알지도 못하면서 일단 지껄이고 보는 말이거나, 혹은 4월에는 비가 오고 12월에는 눈이 올 거라는 지극히 뻔한 예측에 불과한 것인지도 모른다.

과학에 의해 밝혀진 것들과,
삶의 불가해한 수수께끼 사이의 그 끝없이 공허한
심연의 틈을 메울 수 있는 것은 무엇일까?

The Myths and
Fables of To-Day

—

PART 4
온갖 종류의 징조들

"할머니들의 이야기 속에서나 나옴직한 일이에요."
(셰익스피어의 〈맥베스〉 3막 4장에 나오는 말-옮긴이 주)

아침 식사 전에 재채기를 하면, 저녁 식사 전에 방문객이 있을 것이다.

붉은 수선화를 꺾으면 주근깨가 생길 것이다.

촛불에 불꽃이 일면 편지가 올 것이다.

컵 안에 스푼을 두 개 담아서 건네는 것은 집안에 곧 결혼식이 있을 것이라는 의미다.

아기가 있는 침대에 고양이를 들이면, 고양이가 아기의 가슴 위에 눕거나 숨을 빨아들여 아기를 질식시킬 것이다.

오른쪽 귀가 타는 듯이 쓰라리면 누군가가 자신의 이야기를 하고 있다는 뜻이다. "그의 귀를 얼얼하게 만들 테야"라는 친숙한 말도 있는데, 이는 플리니우스(Pliny, 로마의 정치가이자 저술가-옮긴이 주)가 했던 말이다. 또 셰익스피어의 희곡 〈헛소동Much Ado About Nothing〉에서 베아트리체는 "내 귓속에서 불이 타는 것 같아!"라고 외치기도 했다.

오른쪽 귀가 간지럽거나 타오르는 기분이 들면, 그 사람은 이내 울게 될 것이다. 반면, 왼쪽 귀에서 그런 기분이 느껴지면 곧 웃게 될 것이다. 이러한 속담과 관련하여 다음과 같은 시가 있다.

"왼쪽이건 오른쪽이건,

밤에는 괜찮다."

포도나무 덩굴이나 과일 나무에 꽃이 늦게 피면 사람들에게 병이 생긴다는 속설이 있다. 이는 아마도 가을 날씨가 온화하면 가을의 기운이 약해진다는 믿음에 근거했을 것이다. 마찬가지로 계절에 맞지 않은 날씨는 좋지 못한 것으로 여겨진다. 같은 취지로 "초록빛 크리스마스는 교회 마당을 살찌운다(크리스마스가 춥지 않으면 병자가 많아져서 교회 묘지에 묻히는 사람이 늘어난다는 의미-옮긴이 주)"라는 속담도 있다. 이는 의학적으로도 일맥상통하는 면이 있다.

스푼이 컵받침에도 놓여 있고 잔 안에도 놓여 있으면, 이는 컵의 주인이 씀씀이가 헤프고 욕심이 많다는 것을 의미한다. 하지만 아이스크림 접시 하나 위에 두 개의 스푼이 놓여 있으면, 그 주인이 선견지명이 뛰어나고 검소하다는 뜻이다.

"먹기 전에 노래하면,

잠자기 전에 울게 될 것이다."

혹은 아침 식사 전에 노래하면 저녁 식사 전에는 울게 될 것이라는 말도 있다.

새치를 하나 뽑아내면, 그 자리에 새치 열 개가 자랄 것이다.

가위나 그 외 날카로운 것을 바닥에 떨어뜨렸을 때, 그것이 바닥에 꽂힌 채 똑바로 서 있으면 낯선 이를 만날 징조이다.[05]
행주를 떨어뜨려도 마찬가지다.

머리에 가마가 둘 있는 사람들은 두 개의 왕국에서 빵을 먹는다는 것을 의미한다. 즉, 외국을 여행하게 될 것이라는 징조이다.

소는 늘 되새김질을 해야 한다. 만일 되새김질할 것을 주지 않는다면 얼마 지나지 않아 죽을 것이다.

'자르기 힘들다'라는 뜻의 조팝나무hard-hack[06]는 초기의 식민지 주민들이 붙인 이름이다. 조팝나무의 거친 줄기를 낫으로 벨 때, 낫의 끝이 꺾이곤 했기 때문이다.

백마를 보면 곧 백발의 여인을 보게 될 것이다.

잔에 담긴 커피나 코코아의 거품이 중간에 모여 있거나, 혹은 예언적 용어로 거품이 "섬을 이루고 있으면" 돈이 들어올 징조이다. 반면, 거품이 컵 측면에 모여 있으면 돈이 들어오지 않을 것이다.

의자 두 개가 우연히 등을 진 채 놓여 있으면 이는 손님이 올 징조이다.

한쪽 문으로 사람이 들어온 즉시 다른 쪽 문으로 누군가가 나가는 것도 손님이 올 징조이다.

찻잎을 여과할 때 찻잔 위로 차의 줄기가 떠오르는 것 역시 낯선 이가 찾아올 것이라는 징조이다. 찻잎이 떠오를 때도 마찬가지 의미다. 사람들은 찻잎의 길이로 방문객이 키가 클지 작을지를 예측하기도 했다.

포크를 떨어뜨리면 틀림없이 그날 저녁에 방문객이 올 징조이다. 특히 소녀들은 '구혼자'가 올 거라 믿었다. 어떤 명망 높은 부인은 자신이 소녀였을 때, 단 한번도 포크를 떨어뜨린 적이 없어서 급하게 구혼자를 맞을 준비를 한 적이 없다고 내게 이야기한 적이 있다. 그러고 나서 덧붙이길, 이 징조는 틀리는 법이 거의 없다고 했다.

젊은 여인이 코피를 흘리면 사랑에 빠졌다는 걸 의미한다.[07]

만일 코가 간질거리면,

"낯선 방문자를 만나거나

얼간이와 키스하거나,

위험에 빠질 것이다."

왼쪽 손이 간지러우면 곧 돈이 들어올 것이다. 오른쪽 손이 간지러

우면 낯선 이와 악수를 하게 될 것이다.

귀에 벨소리가 들리면, 놀라운 소식을 듣게 될 징조이다.

6월에 무리지어 다니는 벌떼는 엄청난 가치가 있다.

사람이 많은 곳에서 네 사람이 만나, 두 사람씩 십자가 모양으로 엇갈리게 악수를 하면 그중 한 명은 그해 안에 결혼할 것이다.

계단에서 다른 이와 마주쳤을 때, 둘 중 하나가 되돌아가야 한다면 두 사람 모두에게 불행이 닥칠 것이다.

손님으로 초대받았을 때, 식사를 마친 후에 냅킨을 개어 놓지 않으면 더 이상 초대받지 못할 것이다.

"악마를 생각하면 악마가 바로 옆에 와 있을 것이다"라는 다소 섬뜩한 속담이 있다. 좀 더 순화된 표현으로 "누군가를 생각하면 그가 바로 곁에 있을 것이다"라는 말이 있다. 처음에 이 말은 적敵이나 다소 피하고 싶은 사람과 관련된 속담이었으나, 오늘날에는 일반적으로 흔히 쓰이는 표현이 되었다.

신화와 미신 그 끝없는 이야기

신발이 낡아가는 방식을 통해 그 사람의 인생을 예측하는 오래된 노랫가락이 있는데, 그 내용은 다음과 같다.

"신발 앞코가 닳은 이는 고통스럽게 살고,

신발 옆 부분이 닳은 이는 새색시가 되고,

신발 밑창이 닳은 이는 모든 걸 탕진하며 살고,

신발 뒤꿈치가 닳은 이는 부자가 될 것이다."

태어난 요일에 따라 아기의 미래에 독특한 의미를 부여하기도 한다.

"일요일에 태어난 아기는 은총이 가득하며,

월요일에 태어난 아이는 얼굴이 예쁘고,

화요일에 태어난 아기는 진지하고 슬픔이 많고,

수요일에 태어난 아기는 활기차고 유쾌하며,

목요일에 태어난 아기는 도벽이 있고,

금요일에 태어난 아기는 베풀기를 좋아하고,

토요일에 태어난 아기는 먹고 살기 힘들다네."

또 모두에게 잘 알려진 다음과 같은 속담도 있다.

"소녀들이 재잘대고 암탉이 시끄럽게 울어대면,

언제나 끝이 좋지 못하다."

혹은 영국에서는 이런 속담도 전해진다.

"여자가 재잘대고 암탉이 우는 것은,

신神에게도 남자에게도 좋지 못하다."

미신이나 속담에 대해 잘 알고 있는 한 늙은 여인이 말하길, 도둑고양이들이 뒷마당에 모이기 시작하면 "겨울이 끝났다는 징조"라고도 했다.

휘파람은 용기를 북돋아 주고 바람을 일으킨다는 점에서, 징조라기보다는 초자연적 힘을 기원하는 특성이 있다. 예컨대 선원들은 항해 중에 휘파람을 부는 것을 두려워했는데, 휘파람이 폭풍우를 불러온다고 믿었기 때문이다.

하품은 전염된다는 말이 있다. 실제 전염성이 있지 않더라도 대부분의 사람들은 이를 기정사실로 받아들인다. 웃음 역시 마찬가지다. 사람들은 매일의 경험을 통해 이것이 진실이라 확신하고 있으며, 보다 더 납득이 가는 설명이 나오기 전까지는 그렇게 믿을 것이다.

미신을 받아들이는 인간의 나약한 본성을
애써 부정할 필요는 없다!

The Myths and
Fables of To-Day
—
PART 5
행운을 불러오는 부적

행운을 얻거나 혹은 나쁜 운명으로부터 벗어나기 위해 반드시 해야 하거나 하지 말아야 할 것들은 셀 수 없이 많다. 우리는 흔히 재채기를 하고 난 후에 "신의 은총을 내리소서!(God bless me!)"라고 말하며 행운을 기원한다.

또 누군가 쓰다 버린 편자(horseshoe: 말굽을 보호하기 위하여 말굽 바닥에 장착하는 편자형의 쇠붙이를 말한다-옮긴이 주)나 네잎 클로버를 발견하거나 혹은 오른쪽 어깨 위로 초승달이 떠오르는 걸 보거나 집 안에 검은 고양이가 있는 것(특히 고양이가 자발적으로 집 안에 들어왔을 때) 역시 행운으로 여겨진다. 또 행운을 기원하며 늘 주머니에 넣고 다니는 '행운의 동전'도 있다. 예전에 나는 어떤 남자가 행운의 동전을 팔

아버린 탓에 자신의 "운이 다했다"며 애통해 하는 걸 본 적이 있다.

행운의 동전뿐만 아니라 대구의 일종인 해덕haddock[08]이라는 생선에도 '행운의 뼈'가 있다. 또 닭의 뼈에는 '소원을 이루어주는 뼈'도 있고 행운의 야구 방망이도 있다. 심지어 누군가가 옷에서 우연히 발견한 거미는 행운을 가져다준다는 희한한 속설도 있다. 물론 여인네들이 옷에서 거미를 발견하면 비명을 지르며 가까이에 있는 사람에게 달려가, 이 끔찍한 생명체를 냉큼 털어내 달라고 애원하겠지만 말이다.

사실 많은 이들은 거미를 행운의 상징으로 여기기에 거미를 죽이지 않으려 한다. 이러한 믿음은 아마도 로버트 브루스 왕과 거미에 대한 이야기로부터 유래한 것이라 여겨진다(영국 왕이 군대를 이끌고 스코틀랜드를 침공하자, 스코틀랜드의 브루스 왕은 영국 왕에 맞서 여섯 번 싸웠으나 모두 패배하고 말았다. 적에게 쫓긴 브루스 왕은 동굴 안에 들어가 희망을 잃고 누워 있었으나, 동굴에서 거미가 여섯 번 실패 후에 일곱 번째에 마침내 거미줄을 치는 데 성공하는 것을 보고 기운을 얻어 다시 군대를 모아 영국 왕을 물리쳤다고 한다-옮긴이 주).

"홀수에는 운이 따른다"라는 유명한 속담이 있다. 이러한 개념은 노래와 여러 이야기 속에 자주 등장한다. 로리 오모어Rory O'More(아일랜드 레이시 지방의 영주-옮긴이 주) 역시 홀수가 운을 가져다준다고 믿었다. 사람들은 복권을 살 때 늘 홀수들의 조합을 고르곤 한다. 게다가 홀수들의 조합은 꽤나 오래전부터 공식적으로도 매우 중시되었다. 1705년에 출판된 『항해 기술』이라는 저서에는 왕실 해군이 축포를 쏠 때의 규칙에 대해 이렇게 나와 있다.

"축포는 홀수 번 쏘아야 하며, 대응할 때도 마찬가지다. 축포를 홀수 번 쏘는 규칙은 엄중하게 지켜져야 한다. 그렇지 않으면 장군이나 유명한 장교가 항해에서 전사할 징조로 받아들여지기 때문이다."

이러한 규칙이나 관습은 오늘날까지도 통용되고 있다. 미국에서는 예포를 쏠 때 대통령에게는 스물 한번, 그리고 부통령에게는 열일곱 번 쏠 것을 규정하고 있다. 정부 조직, 육해군 부서에서도 역시 계급이 낮을수록 예포를 쏘는 횟수가 줄어든다.

약을 복용할 때도 하루에 홀수 번 복용하는 것이 일반적이다. 또 암탉은 늘 홀수 개의 알을 품는다고 하는데, 사실 여기에 대해서 제대로 된 설명을 하는 사람은 한번도 본 적이 없다.

홀수를 중시하는 이러한 사례들을 통해, 과거에는 숫자 3과 3의 배수인 9는 주술을 성공적으로 수행하기 위해 마법사에게 꼭 필요한 요소였다는 사실을 알 수 있다. 〈맥베스〉에 등장하는 마녀들(세 마녀들은 맥베스가 '왕이 될 인물'이라고 예언했고, 그 예언을 믿은 맥베스는 결국 던컨 왕을 죽이고 왕이 된다-옮긴이 주)은 다음과 같은 주문을 외웠다.

"네가 세 번, 내가 세 번,

한 번 더 세 번이면 아홉 번이리.

쉿! 이것으로 주문은 맺어졌도다."

그리고 왕이 되겠다는 야심을 품은 맥베스가 자신들을 찾아오길 기다리며, 세 마녀들은 솥에 온갖 무시무시한 재료들을 넣고 지옥의 수프를 펄펄 끓인다. 은밀하고도 신비로운 의식을 치르기 전에 마녀들은 다음과 같은 예사롭지 않은 '징조'를 외친다.

"첫 번째 마녀: 얼룩고양이가 세 번 울었도다.

두 번째 마녀: 내 고슴도치가 세 번 하고도 한 번 더 울었도다."

로마인들은 장례식에서 시신에게 소금 세 줌을 던지는 관습이 있었다. 또 옛날 해적들을 처형하는 방식으로, 해적들을 간조선(해수면이 가장 낮을 때를 가리키는 표시-옮긴이 주)에 묶어 놓고 조류가 세 번 이들을 덮칠 때까지 내버려 두었다. 또 셰익스피어 희곡의 등장인물 중 하나인 폴스타프Falstaff(《윈저의 즐거운 아낙네들The Merry Wives of Windsor》에 등장하는 바람둥이 주인공-옮긴이 주)는 "이번이 세 번째요. 부디 홀수에 좋은 운이 따르기를 바란다오"라고 말하는 대목도 있다. 심지어 오늘날에도 "세 번째 시도는 결코 실패하지 않는다"라며 두 번 실패한 이들이 다시금 용기를 내어 새롭게 시도해 볼 것을 독려하는 신비주의적 관용구가 있다. 정말이지 홀수가 지닌 신비한 효력은 아무리 나열해도 끝이 없을 정도로 많다.

하지만 모든 규칙에는 예외가 있듯, 숫자 3에 얽힌 예언적 법칙에도 예외가 있다. 모름지기 운명은 늘 한 쪽으로만 기우는 것이 아니기 때문이다. 주변을 잘 살펴보면 숫자 3이 불길함을 나타내는 경우도 있다. 어떤 기자는 숫자 3의 불길함에 대해 다음과 같이 적고 있다.

"나는 얼마 전, 매우 현명하고 지적인 사람이 빅토리아 여왕에 대해 하는 말을 들은 적이 있다. 당시 빅토리아 여왕은 프랑스 남부로 가는 여행을 두 번이나 취소했는데, 첫 번째는 그곳의 상태가 다소 불안했기 때문이고, 두 번째는 날씨가 좋지 않아서였다. 그 남자는 자신 있게 '빅토리아 여왕이 다음에 그곳에 갈 때는 필시 불길한 일이 생길 것이다. 내 말을 반드시 명심하라'고 말했다. 그는 확실히 숫자 3을 불길하게 여긴 것이 틀림없다."

또 홀수가 아무리 상서로운 숫자라 할지라도, 13이라는 숫자만큼은 독보적인 예외다. 13이라는 숫자는 마치 불행을 몰고 오는 음울한 사자使者와도 같다.

어떤 전도유망한 정부 관계자가 일전에 내게 말하길, 자신의 직원 중 두 사람은 철로 만든 반지가 행운을 가져다준다고 믿기 때문에 늘 착용하고 다닌다고 했다. 특정 보석이나 귀한 돌을 스카프 핀이나 시곗줄, 반지 등의 장신구로 지니면 각종 병과 사고가 일어나는 것을 막아 주고, 사람들과의 친분을 유지하는 등 좋은 운이 생긴다는 생각은 사람들이 흔히 믿는 미신 중 하나다. 여기에 대해서는 이후에 좀 더 자세하게 다루겠다.

이보다 더 괴의한 풍습이 있다. 바로 토끼의 발을 부적으로 여겨서 이를 걸치거나 몸에 지니는 관행이 그렇다. 토끼는 마법사나 주술사가 주술을 행할 때 약방의 감초처럼 자주 등장하는 동물이다. 하지만 이때 잊어서는 안 되는 것은 반드시 토끼의 '뒷발'이어야 한다는 점이다. 그리고 진기한 것에 대한 지칠 줄 모르는 열정 때문인지 몰라도, 이제는 '칠면조의 발톱'이 토끼의 발과 같은 효력을 지닌 부적으로 자리 잡았다.

이처럼 뭔가를 쉽게 믿고 따르는 행위는 일종의 노예근성 탓인지도 모른다. 물론 사람들은 토끼의 발이나 칠면조의 발톱을 자연 상태 그대로 달고 다닌 것은 아니었고, 보석 세공인

신화와 미신 그 끝없는 이야기

의 정교한 손을 거쳐 금색이나 은색으로 물들여 황옥, 자수정 등 좋아
하는 보석들과 함께 달고 다녔다. 사람들은 흔히 이런 부적이나 마스
코트를 장신구로 만들어 몸에 지니거나 목걸이, 팔찌, 벨트, 혹은 망
토 버클 등에 달고 다니곤 한다.

그 외에 카울caul(중세의 수도승이 착용했던 후드 달린 망토, 또는 끝이
뾰족한 후드를 말한다. 후드가 뒤쪽으로 늘어질 때의 외관에 착안하여 '드레
이프가 있는 옷'을 의미하기도 한다-옮긴이 주)**09**을 입거나 성직자에게
축복을 받은 장신구를 착용하는 관습 역시 신분을 막론하여 공통적
으로 나타난다. 하지만 이러한 관습은 특정 교회의 교리를 바탕으로
하는 것도 아니요, 개신교의 믿음과도 전혀 관련이 없다. 즉, 이러한
관습은 종교에 뿌리를 두고 있다기보다는 미신에 가깝다.

그 외 '행운을 가져다주는' 부적은 다음과 같다.

흰 털이 하나도 섞여 있지 않은 검은 고양이는 집안에 행운을 가져
온다고 여겨진다. 집에 검은 고양이를 기르면 가족 내에 결혼하지 못
한 여성들에게 구혼자가 줄을 설 것이다.

마가목 나무의 가지를 집안에 두거나 문 앞에 걸어두면 마녀를 쫓
아낼 수 있다.

다소 거칠고 속된 언어를 사용하여 행운을 표현하는 경우도 있다. 예컨대 '깜둥이의 행운nigger luck'이나 '운수 터지다lucky strike', 혹은 '큐나드의 운Cunard luck' 등이 그렇다. 영국의 정기선 회사인 큐나드 사社가 행운의 상징이 된 이유가 있는데, 큐나드 사의 배가 재난을 만났으나 다행히 인명사고로 이어지지는 않았기 때문이다. 리버풀에서 보스턴으로 향하던 큐나드 사의 증기선 파보니아 호는 난파될 위험에서 운 좋게 벗어날 수 있었고, 덕분에 '큐나드의 운'이라는 말이 최근에 사람들 사이에서 종종 회자되곤 한다. 운 좋게 침몰을 면한 승객과 선원들이 남긴 말을 통해 운 좋은 배의 조건을 추론해 볼 수 있다.

"오전 9시 30분에 초승달이 사라졌고 그와 동시에 바람의 방향이 바뀌었습니다. 갈매기들이 바닷물 위에 둥둥 뜬 채로 앉아 있었는데, 선원들 말에 따르면 그건 좋은 징조라더군요. 그리고 우리는 배 근처에서 바다제비들이 많이 날아다니는 걸 봤어요. 이 역시 좋은 징조였지요. 그래서 우리는 그 금요일이 우리에게는 아주 운이 좋은 날이었다고 생각했어요."

전 세계적으로 편자 모양은 가장 선호되는 행운의 상징임에 틀림없다. 주위에서 편자를 좋아하지 않는 사람은 거의 찾아보기 힘들 정도다. 비록 편자의 소재인 쇠 자체에는 마법의 힘

따위는 전혀 없지만, 일단 대장장이가 편자 모양으로 형태를 주조하는 즉시 편자는 마력을 지닌 물건이 되는 셈이다. 유명한 금언에 따르면 편자는 반드시 갈라진 부분이 위를 향하도록 두어야 하며, 그렇지 않을 경우에는 효력이 상실된다고 한다. 또 쓰고 버려진 편자나 부적은 효력이 없다고 한다.

대부분의 사람들은 편자가 행운을 가져다준다고 철석같이 믿고 있다. 말하자면 편자에 행운이 깃들어 있다는 사실은 거의 상식으로 통용되고 있는 셈이다. 그렇다면 도대체 어떤 이유로 사람들은 편자의 힘을 이토록 거부감 없이 받아들이는 걸까? 그리고 어떤 형태의 미신이 더 광범위하게, 그리고 더 거리낌 없이 우리 삶 속에 자연스럽게 녹아들어가는 걸까?

사람들은 설령 마음속으로 미신을 하찮게 여긴다 할지라도, 자신의 목적을 위해 인기 있는 미신을 거리낌 없이 이용할 뿐만 아니라 이를 널리 유포시키곤 한다. 덕분에 편자가 행운을 가져다준다는 이 오래된 미신으로 사람들을 자극시켜 한몫 챙기려는 의도를 가진 사람들은, 고대의 관습과는 무관하게 온갖 다양한 방식으로 이 미신을 적극적으로 돈벌이에 활용해 왔다.

뿐만 아니라 이 편자 모양을 도안화하여 크리스마스카드나 책 표지에 인쇄하는 모습도 종종 볼 수 있다. 심지어 『편자 로빈슨Horseshoe Robinson』처럼 책의 제목으로도 쓰일 정도이다. 어디 그뿐이랴. 꽃으로 편자 모양을 엮어 결혼식 날 신부의 머리 위에 매달아 놓기도 하고, 장례식 때는 고인의 마지막 안식처에 경건하게 놓아두기도 한다. 이런 식으로 편자를 활용한 사례는 일일이 열거하기 힘들 정도로 많다.

편자는 온갖 종류의 제조업자들과 상인들이 가장 좋아하는 표식이기도 하다. 사람들은 행운을 가져다주는 부적으로 쇠 대신 금과 은으로 공들여 편자 장식을 만들기도 했다. 이 글을 쓰고 있는 지금, 내 바로 앞에도 금은으로 장식된 편자 장식이 하나 놓여 있다. 거기에는 편자가 행운을 가져다주기 때문에 자신이 만든 편자를 구매해줄 것을 호소하는 광고가 적혀 있다. 한 편자공 노동조합은 고용주에게 승리를 거둔 것이 편자의 효험 덕분이라고 떠들어대기도 했다. 또 얼마 전, 일간지에 실린 기사에는 보스턴이 운 좋게 대화재를 피했다는 내용과 함께, 편자 그림이 삽입되기도 했다.

최근 몇 년 동안 편자는 가정에서 일종의 물신(物神: 신령이 깃들어 있다고 생각하여 숭배하는 동식물이나 물건-옮긴이 주)중 가장 인기 있는 상징으로 훌쩍 성장했다. 편자가 행운을 가져다준다는 믿음이 전혀 없는 사람이라면, 신분의 고하를 불문하고 모든 사람들이 집집마다 철로 된 낡은 편자를 하나씩 매달아 놓는 이유를 이해하지 못해 어리둥절해할 것이다.

편자는 나라 전역의 선술집이나 여인숙의 상징으로도 흔히 쓰였다. 예전에 '세 개의 편자' 모양의 간판이 걸린 선술집을 보스턴 거리 곳

신화와 미신 그 끝없는 이야기

곳에서 본 적이 있다. 또 새뮤얼 시월(Samuel Sewall, 1652-1730: 매사추세츠 베이 지역의 판사이자 사업가, 저술가-옮긴이 주)의 『일기Diary』의 첫머리에는 "지난 밤 영면에 든, '세 개의 편자'의 여주인이었던 글로버 여사의 죽음을 기리며"라는 글귀가 나온다. 이 문장은 시월이 글로버 여사의 죽음을 애도하는 것인지, 혹은 글로버 여사가 경영하던 유쾌한 선술집이 사라진 것을 애석해 하는 것인지는 다소 애매하다.

뿐만 아니라, 나는 배의 기움 돛대(bowsprit 뱃머리에서 앞으로 튀어나온 돛대로 제1사장이라고도 부른다-옮긴이 주), 집과 헛간의 문, 혹은 침대에까지 편자를 매달아 놓은 걸 본 적이 있다.

오랫동안 지배자로 군림했던 영국 해군 역시 편자의 효력을 신봉해 왔다. 특히 넬슨 제독이 승승장구하던 시기에 편자에 대한 선원들의 믿음은 극에 달했다. 오래된 시골집에서는 여전히 굴뚝에 벽돌로 세공된 편자 모양을 찾아볼 수 있다. 어떤 사람들은 지붕뿐만 아니라 모든 입구에 편자를 걸어두기도 했는데 이들은 그렇게 함으로써 마녀의 출입을 막을 수 있다고 믿었다.

하지만 편자를 기이한 방식으로 사용한 사람 중 보스턴의 새뮤얼 덱스터(Samuel Dexter, 1761-1816: 미국의 정치인-옮긴이 주)를 따라올 자는 아마도 없을 것이다. 자신의 담임목사에게 불만을 품은 그는 교회의 신도석(기도를 올리기 위해 앉는 벤치 모양의 의자-옮긴이 주)의 출입구뿐만 아니라 신도석까지 온통 편자를 못질해서 달아 놓았다.

과연 편자에 대한 엄청난 믿음은 어디서부터 시작된 것일까? 아마도 옛날 사람들은 '철'에 대한 막연한 믿음을 갖고 있었던 것 같다. 옛날 사람들은 차가운 철에는 마녀를 쫓는 힘이 있으며, 마녀는 그 힘을 넘어설 수 없다고 믿었다. 이러한 믿음은 로마 시대에 실내 벽에 철로 된 못 같은 것을 박아 넣던 것과 유사한 미신일 것이다.

그 의미는 점점 더 모호한 상태로 지속되다가 어느 순간, 철의 효험이 고대인들에게 늘 중요한 역할을 해 온 '말'이라는 신비로운 동물의 속성과 결합하여 완벽한 부적으로서의 매력을 갖추었다고 여겨진다.

리처드 왕은 보즈워스 필드(장미 전쟁에서 최후의 싸움이 벌어진 곳으로, 이곳에서 리처드 3세가 패하여 살해되었다-옮긴이 주)에서 "왕국을 내줄 테니 내게 말 한 필을 달라"며 처절하게 애원했다(셰익스피어의 희곡 〈리처드 3세〉에 등장하는 대사로 리처드 3세는 왕국을 내줄 테니 말 한 필을 달라고 외치다 죽음을 맞이한다-옮긴이 주). 이 불쌍한 리처드 왕은 편자의 못이 하나 없어서 말을 잃은 탓에 결국 비참한 죽음을 맞게 된다.

마르지 않는 샘처럼 거침없이 글을 쓰는 버틀러는 이렇게 썼다.

"낫과 편자, 텅 빈 부싯돌은 악령을 쫓아낸다."

게이(John Gay, 1685-1732: 영국의 극작가-옮긴이 주)의 「늙은 여인과 고양이」라는 우화에는 다음과 같은 마녀의 비가悲歌가 나온다.

"앞을 가로막는 밀짚이 내 발걸음을 느리게 하고,

문지방에 못 박힌 편자가 나를 막아 세우는구나."

이번에는 행운을 얻기 위한 '수동적인' 행위가 아니라, 보다 적극적으로 행운을 좇는 자의 경우를 살펴 보자. 이런 것들은 대단히 놀랍지는 않지만 훨씬 더 매력적인 것은 분명하다. 행운을 좇기 위해 사람들이 흔히 하는 행동들은 다음과 같다.

닭의 행운의 뼈(wish-bone: 닭고기, 오리 고기 등에서 목과 가슴 사이에 있는 V자형 뼈-옮긴이 주) 양끝을 두 사람이 잡고 서로 잡아당겨 긴 쪽을 갖게 된 사람이 소원을 빌면 소원이 이루어진다고 한다. 짧은 쪽을 가진 이에게는 좋지 못한 일이 생길 것이다.

변덕스러운 운명을 시험하고 싶다면 유성이 떨어질 때 소원을 빌어 보자. 그러면 소원이 이루어질 것이다. 이는 황금 같은 기회가 사라지기 전에 재빨리 붙잡아야 한다는 교훈을 일깨워준다. 불멸의 작가 셰익스피어도 이렇게 말하지 않았던가.

"인간사에는 때가 있어.

시류를 잘 붙잡으면 커다란 행운을 얻을 수 있다네."

(셰익스피어의 〈줄리어스 시저〉 4막 3장에 나오는 문장으로 브루투스가 카시우스에게 한 말이다-옮긴이 주)

건초더미를 지나칠 때 소원을 빌면 소원이 이루어질 것이다. 단, 건초더미를 본 즉시 다른 곳을 쳐다봐야 한다. 만일 롯의 아내처럼 뒤를 돌아본다면 효력은 즉시 사라질 것이다.

보름달을 안은 초승달(초승달 뒤로 희미하게 보름달 형태가 보이는 경우를 말한다-옮긴이 주)을 보면 운이 좋다고 여겨진다. 이것은 영국보다는 미국에서 더 널리 퍼져 있는 믿음이다. 이와 관련된 오래된 쿠플레(2행 연구의 시-옮긴이 주)가 있는데 아래와 같다.

"어젯밤 늦게 나는 보았네.

새 달(초승달)을 품은 묵은 달(보름달)을."

반면, 이를 달리 해석하는 경우도 있다. 오래된 뱃사람의 노랫가락은 다음과 같은 이야기를 들려준다.

"선장님, 보름달을 안은 초승달이 뜰 때

바다로 가면 불운이 덮칠까 두렵습니다."

신화와 미신 그 끝없는 이야기

또 오른쪽 어깨 위에 뜬 초승달을 보면 운이 좋다고 여겨진다. 특히 그때 주머니를 뒤져서 돈이 나오면 운이 훨씬 더 좋아질 것이다. 하지만 돈을 즉시 주머니에 넣어야만 효력이 사라지지 않는다.

강도나 사기꾼들은 행운을 위해 숯이나 석탄 조각을 지니고 다닌다고 한다.

아침에 일어나 침대에서 나올 때는 늘 오른발부터 내딛어야 한다. 약간 변형된 형태로, "자신에게 최선의 발을 먼저 내딛어라Put your best foot foremost(시작이 중요하다는 뜻으로 주로 쓰인다-옮긴이 주)"라는 유명한 속담이 있다. 존슨 박사는 이 규칙에 각별히 집착한 나머지, 그가 혹여 왼발로 문지방을 짚으면 되돌아가서 오른발로 다시 짚었다고 한다. 이와 유사한 형태로, 옷을 입을 때 항상 오른발을 먼저 넣어야 한다는 미신도 있다. 하지만 예외가 있는데, 군대에서는 늘 왼발이 먼저 나간다는 점이다.

지역을 막론하고 전문적인 도박꾼들은 운에 대한 확고한 믿음을 갖고 있다. 이들이 금과옥조처럼 여기는 믿음에 따르면, 도박을 한번도 해보지 않은 젊은이는 첫 게임에서 무조건 운이 따른다고 한다. 이들은 또 주머니에서 돈을 발견하거나 주사위를 지니고 다니면 운이 좋아진다고 믿는다.

카드 게임에서 운을 지키거나 운을 바꾸기 위해서는 의자 주위를 세 번 돌거나, 혹은 카드에 바람을 휙 불어 넣어야 한다. 그러면 승리

는 따 놓은 당상이 될 것이다. 불과 얼마 전까지만 해도 여성들은 카드 게임을 하는 친구의 운을 빌어주기 위해 다리를 꼬고 앉는 관습이 있었다. 운을 불러오기 위해 손에 침을 뱉는 사람을 본 적도 있다. 또 다리를 꼬고 두 손의 손가락을 서로 엮어 쥐는 자세 역시 행운을 불러온다고 한다.

달이 차오를 때 머리를 자르면 머리카락이 더 잘 자랄 것이라는 믿음이 있다. 이러한 믿음은 차올랐다가 다시 이지러지는 달이 자연의 성장과 쇠퇴를 상징한다고 여겼기 때문일 것이다.

뉴펀들랜드의 어부들은 행운을 기원하며 첫 번째로 받은 은화에 침을 뱉는 관습이 있다. 마찬가지로 영국 하층 계급의 행상인들에게도 이와 비슷한 관습이 있었는데, 이들은 그날 처음 물건을 팔고 받은 돈을 '마수걸이handsel'(맨 처음으로 물건을 파는 일. 또는 거기서 얻은 소득-옮긴이 주)[10]라고 부르며 그 돈에 침을 뱉었다. 또 권투 선수들 역시 경기 전에 양 손에 침을 뱉곤 한다. 내가 학교에 다니던 시절에, 남학생들은 선생님으로부터 체벌을 받기 전에 양손에 침을 뱉으면 아프지 않다는 믿음에서 종종 그런 행동을 하곤 했다. 물론 전혀 효과가 없었지만 말이다.

일부 지역에서는 살아 있는 개구리가 아픈 소를 지나치면 소가 낫는다고 믿었다. 단, 살아 있는 개구리가 폴짝 뛰어서 소를 지나쳐야

하며, 그렇지 않다면 효험이 없다고 믿었다.

새집에 이사 갈 때는 소금부터 들여놓아야 하는데, 그렇게 해야 그 집에서 굶지 않고 풍요롭게 살 수 있다는 믿음 때문이었다.

태양이 비치는 날에 결혼한 부부는 행복한 반면, "비 오는 날은 행복과 거리가 멀다."

죽은 사람의 머리를 동쪽에 두는 관습은 고대의 태양 숭배 사상에서 기원했을 것이다. 이러한 전통은 페니키아 사람들로부터 그 흔적을 찾을 수 있다. 셰익스피어의 희곡 〈심벨린Cymbeline〉에는 이런 구절이 나온다.

"아버지의 머리를 반드시 동쪽으로 두어야만 하오.

그래야만 하는 이유가 있소."

우리가 밧줄을 감을 때나 크랭크를 돌릴 때, 그리고 달걀을 휘저을 때 으레 오른쪽으로(with the sun) 돌린다는 것을 떠올려 보자. 민속을 연구하는 어느 작가는[11] 식사 시간에 술을 건넬 때, 보다 자연스러운 방식인 왼쪽에서 오른쪽으로 건네지 않고, 오른쪽에서 왼쪽으로 건네는 것은 동쪽을 중시하는 고대의 미신에서 유래한 것이라 했다.

가족 중 누군가가 죽었을 때, 가족의 죽음을 벌들에게 알려 주는 것은 제법 일반적인 관례이다. 내 기억에 따르면, 실제 뉴잉글랜드에서

Part 5 행운을 불러오는 부적

는 그렇게 하는 일이 흔했다. 만일 벌들에게 가족의 죽음을 알려 주지 않는다면 벌의 수가 감소하거나 벌들이 죽어버리거나, 혹은 벌들이 멀리 날아가 버린다고 한다. 벌들에게 죽음을 알리기 위해서는 집 열쇠로 벌집을 세 번 두드리며 벌들에게 그 집의 주인 혹은 여주인이 죽었다고 말하면 된다.

어떤 노인은 실제로 벌집 앞에서 찬송가를 불렀다고도 전해진다. 또 뉴잉글랜드에서는 벌집에 검은 천을 씌우기도 한다. 옛 사람들은 이 자그만 곤충을 신성하게 여겼기에 그러한 관습을 매우 중요하게 여겼다. 휘티어는 「가정의 시Home Ballads」에서 벌떼가 윙윙대는 소리를 고양시키기 위해 냄비나 주전자를 두드리라고 했는데, 이러한 행동은 베르길리우스(Virgil 기원전 70-19, 로마의 라틴 시의 대가-옮긴이 주)의 명령이라고도 했다.

식탁에 죽은 사람을 위한 접시를 하나 놓아두어야 한다. 그렇지 않으면 가정의 또 다른 이가 빨리 죽게 될 것이라 믿었기 때문이다.

죽음을 알리는 종Passing Bell은 원래 악령을 쫓고, 몸을 떠나는 고인의 영혼을 위해 신실한 교인들이 기도를 올릴 것을 상기시키기 위한 것이었다. 죽은 이의 곁을 지키는 것 역시 그와 같은 이유에서였다. 종은 고인의 나이에 해당하는 횟수만큼 치는 것이 관례이다.

옷을 거꾸로 입으면 운이 좋을 것이라는 믿음이 있다. 나는 항해하는 날 아침에 늦게 일어나 서두르다가 속옷을 뒤집어 입은 한 선장의 이야기를 알고 있다. 그는 아내에게 웃으면서 행운을 바라는 마음에 속옷을 뒤집어 입었다고 말했다. 하지만 그가 탄 배는 그날 밤 승선자 전원과 함께 난파되고 말았다. 그리고 다음날 아침 해안에서 선장의 시신 일부가 발견되었는데, 속옷을 거꾸로 입은 상태를 통해 그의 신원을 확인할 수 있었다고 한다.

히스테리가 있는 젊은 여인들을 마녀로 몰아 재판을 하던 비운의 마녀사냥이 한창이던 시절, 체와 가위를 사용하여 마녀를 구별하는 방법이 있었다. 이를 위해서는 가위를 크게 벌려, 나무로 된 체의 테두리 부분을 받치듯 가위 양 날의 사이에 끼운 후, 두 사람이 손가락 끝을 가위에 대고 조심조심 균형을 맞춘다. 그러고 나서는 성 베드로와 성 바오로에게 마녀로 지목한 자의 이름을 불러 그 사람이 마녀인지 그렇지 않은지에 대한 진위를 묻는다. 만일 지목된 사람이 진짜 마녀라면 체가 천천히 돌아가며 방향을 바꿀 것이다. 버틀러는 이에 대해 다음과 같이 말했다.

"체와 가위의 신탁은

지구가 도는 것만큼 확실하다네."

이와 유사한 부적으로 성경과 열쇠를 들 수 있다. 나는 도둑을 밝혀내기 위해 성경과 열쇠를 활용한 방법을 시도해 보았다는 말을 들은 적이 있다. 그 방식은 이러하다. 성경의 특정 페이지에 열쇠를 올려둔 후 그 상태로 성경을 덮고 끈으로 단단히 묶는다. 그런 후에 책 밖으로 살짝 빠져 나온 열쇠 끝을 책과 함께 못에 걸어 놓는다. 참석자 중 한 사람은 의심이 가는 사람의 이름을 세 번 말하고, 다른 이는 이렇게 암송한다.

"그 자가 도둑이라면 열쇠가 돌아갈 것이다."

물론 열쇠가 돌아가면, 그 자가 진범으로 정해지는 것이다.

책과 열쇠를 통해 범인을 맞추는 과정에 대해 제대로 알기 위해서는 약 30년 전에 영국에서 실제로 있었던 사건을 되짚어 보는 것이 도움이 될 것 같다. 이 사건은 대영제국에서 여전히 이 미신이 존재하고 있다는 사실을 보여주는 사례로 잘 알려져 있다. 그 기사는 이러하다.

영국 윌트셔 크리클래이드의 즉결 재판소에서, 엘리자 글래스라는 한 부인은 자신의 아버지가 총 4파운드짜리 순은을 잃어버렸는데 자신과 남편이 은을 훔쳐간 혐의를 받고 있다고 진술했다. 즉, 그녀가 열쇠를 훔쳤고 남편이 그 열쇠로 순은을 훔쳤다는 것이다.

재판소는 이 사건을 '성경과 열쇠'로 판결하기로 했다. 이들은 구약성서 아가서의 특정 페이지 위에 열쇠를 올린 후 성경을 덮고 단단히 묶은 후에, 성경 사이로 삐죽 튀어나온 열쇠의 손잡이 부분에 실을 통과시켜 매달았다. 한 사람이 용의자를 속으로 생각하자 성경이 그 사람이 서 있는 방향으로 회전했고, 그 결과 글래스 부인은 유죄로 판명되었다. 이 모든 과정은 글래스 부인이 참석하지 않은 상태에서 진행되었다.

하지만 글래스 부인은 자신이 무죄라는 것을 알고 있었으며 자신이 교활한 함정에 빠졌다고 생각했다. 그리하여 글래스 부인은 목격자를 믿을 수 없다며 고발하기로 결심했다. 그리하여 그녀는 이번에는 신약성경을 가져와 "마음이 깨끗한 자는 복이 있나니"라는 페이지 안에 열쇠를 끼운 후에 그 책을 매달았고, 그 결과 무죄로 드러났다.

신약성서와 구약성서가 명백히 서로 다른 결과를 보이자, 그녀는 이에 대해 치안판사에게 따져 물었다. 그러자 치안판사는 그 사건에 더 이상 간섭하지 않겠다고 결론지었다.

성경의 책장 사이에 칼을 밀어 넣어 자녀의 이름을 짓는 관습 역시 여전히 남아 있다.

잔칫술이나 친목의 잔(손님들이 돌려가며 술을 마실 수 있는, 손잡이가 양쪽에 달린 큰 술잔을 말한다–옮긴이 주)을 마시는 것도 축배와 마찬가지로 미신의 잔재이다. 물론 과거와는 달리 이러한 행위는 공식적 회합에서 의무적인 것은 아니지만, 사람들은 여전히 친구와 만나 소소하게나마 서로 건배를 나눈다. 건배를 나눌 때 외치는 "위하여!Here's to you!"라는 말 역시 행운을 비는 행위이다.

행운을 기원하는 의미에서 결혼식 날, 신랑 신부에게 낡은 신발을 던지는 것은 매우 친숙하고 대중적인 행위 중 하나다. 낡은 신발을 던지는 행위는 결혼식뿐만 아니라, 개인의 이익과 안녕을 기원하는 의미도 있었다. 일례로 사람들은 거래를 하기 전에 낡은 신발을 던지면 행운이 따를 것이라 믿었다. 또 하인들은 새로운 일을 구하거나 시작할 때 신발을 던졌는데, 이런 행동이 성공을 가져오리라 굳게 믿었기 때문이다.

그런데 어째서 반드시 낡은 신발만이 이런 상징성을 가지는 걸까? 만일 더 교양 있는 사람들이 우월한 지혜를 내세우며, 낡은 신발 대신 새 신발을 던지면서 행운을 빈다면 더 좋은 결과가 있지 않을까? 하지만 여기서 '낡은 신발'이라는 점이 가장 중요한 핵심이자 철학이다. 만일 우리가 낡은 신발을 던지는 이 오래된 관습을 곧이곧대로 실행하지 않는다면 행운도 기대할 수 없을 것이다.[12]

벤 존슨(Ben Jonson, 1572-1637: 영국의 극작가로 셰익스피어와 동시대에 활약한 영국 계관 시인-옮긴이 주)의 『집시의 가면Masque of Gypsies』이라는 저서에서는 다음과 같은 유쾌한 시 구절이 나온다.

"낡은 신발을 던져 버리면,

뭘 하든 즐거우리니."

테니슨(Alfred Tennyson, 1809-1892: 영국의 계관 시인-옮긴이 주)의
시에도 이와 비슷한 의미를 담은 문장이 있다.

"낡은 신발을 던지면

어딜 가든 운이 따르리."

그러고 보니 뉴욕의 행상인들과 작은 상점의 주인들이 러시아 유
대인들로부터 영향을 받은 특이한 관습에 대한 신문 기사가 하나 떠
오른다. 백스터 거리의 한 옷가게 주인과 디비전 거리의 여성 모자 판
매상이 월요일 오전 아홉 시 전까지는 손익과 관계없이 반드시 물건
을 팔아야 한다고 주장하는 기사였다. 이때 물건 값은 반드시 동전으
로 받아야 하며, 그렇지 않다면 일주일 내내 운이 없다는 것이다.

한편, 뉴잉글랜드 일부 지역의 사람들은 월요일에 돈을 지불하면,
그 주 내내 계속 돈을 지불하게 될 것이라는 강한 믿음을 품고 있다.
이런 이유로 월요일에는 돈을 지불해서는 안 된다고 여겼다.

대부분의 선장들은 미신을 강하게 믿는다. 나는 예전에 어떤 선장이 유명한 방적공장의 이름을 따서 배의 이름을 짓는 것을 본 적이 있는데, 그 이유는 그 방적공장이 투자자들에게 꽤나 쏠쏠한 이득을 안겨주는 투자처였기 때문이다.

또 다른 예로, 배의 일부 소유권을 가지고 있는 어떤 선장은 배의 이름을 정하기 위해 작명을 의뢰하여 '포카혼타스'라는 이름을 추천받았다. 하지만 그 선장은 이렇게 말했다.

"포카혼타스는 늙은 인디언 여자가 아니오? 배에 그런 여자의 이름을 붙여서 뭘 하겠다는 거요? 대신 독수리 날개Eagle Wing(독수리 날개라는 이름은 「출애굽기」 19장 4절 '내가 독수리 날개로 너희를 업어 내게로 인도했음을 너희가 보았느니라'라는 성경 구절에서 따왔다-옮긴이 주)라고 이름 붙이겠소."

그리하여 결국 그 배의 이름은 '독수리 날개 호'가 되었다. 이러한 특정한 종류의 믿음을 뒷받침하는 예로, 다음과 같은 신문 기사를 발견할 수 있다.

미국 해군의 배에 메인 주의 이름을 따서 부르지 말자. 나는 뉴 메인 호나 뉴 포틀랜드 호 같은 배가 출항한다 해도 절대 타지 않을 것이다. 세 번 출항했다가 마지막에 메인 호의 폭발 사고(메인 함은 1898년에 쿠바의 아바나 항에서 원인 모를 이유로 폭발했다-옮긴이 주)로 바다에 빠진 경험이 있는 싱스비 제독의 사례에서도 보았듯이, 미신을 믿는 사람은 그 배를 타지 않으려고 할 것이다.

해군이 이러한 탄원을 들어주건 말건, 우리는 새로운 함선에 다른 이름을 붙일 것을 제안한다. 우리는 이들 배에 새겨진 지워지지 않는 치욕과 공포가, 장차 선원들뿐만 아니라 대대손손 사람들의 마음에 남아 있게 될까 두려워하는 바이다.

배에 대한 이야기를 계속해 보자. 배를 건조할 때 돛대 기둥 말미에 은화나 금화를 넣는 관습이 있다는 것을 아는 이는 얼마 없을 것이다. 이러한 관습은 새로운 건물을 지을 때 주춧돌 밑에 동전을 넣는 오랜 관습과 유사한 것이다. 다만 다른 점이 있다면, 돛대 기둥 말미에 넣어두는 동전은 배에 행운이 깃들기를 기원하는 마음에서 행해졌다.

태어난 달이나 요일이 인생 전반에 매우 중요한 영향을 미친다고 굳게 믿는 사람들도 있다. 실제로 나는 이런 종류의 우연의 일치에 대해 언급하는 사람들을 많이 보았다. 예컨대, 자신이 불행한 성좌 아래에서 태어났기 때문에 불운한 일을 겪었다고 호소하는 사람을 종종 볼 수 있을 것이다. 반면, 유달리 일이 잘 풀리는 사람에게는 운을 타고 났다고들 한다.

저네건Jernegan 목사의 '바닷물에서 금을 얻는 계획'(1896년 후반 코네티컷 주 미들타운의 저네건 목사는 하나님의 계시를 받아, 바닷물에서 금을 싸게 추출하는 방법을 발명했다고 주장했다. 그는 자신이 발명한 금 추출 장치를 바닷물 속에 넣어 두면 금을 얻을 수 있다고 하며 투자자를 설득하여 사업을 시작했다. 하지만 이 모든 것은 결국 사기로 밝혀졌고, 저네건은 해외로 도피했다-옮긴이 주)에 따라 해수에서 추출된 금을 펜던트처럼 걸고 다니는 것이 한때 유행이었지만, 결국 그 계획은 사기로 판명되었던 사건이 있었다.

이와 비슷한 사례로 '행운의 상자lucky-box'라는 것이 있는데, 주머니에 넣고 다닐 수 있을 만한 크기의 이 자그마한 '행운의 상자'를 지니면 즉각적으로 운이 따른다고 알려졌다. 이 말에 현혹된 사람들은 앞다투어 행운의 상자를 구입하기 시작했고, 상자는 순식간에 날개 돋친 듯 팔려나갔다. 하지만 얼마 지나지 않아 이는 모두 사기로 밝혀졌고, 공권력의 개입으로 판매 역시 뚝 끊어지고 말았다.

미신은 불가사의한 일들에 대한
손쉬운 설명을 제공하는 '열린 문'과 같다!

The Myths and
Fables of To-Day

PART 6
병을 예방하는 부적들

이 장에서는 질병을 치유하고, 사악한 영향력으로부터 보호해 주는 힘이 있다고 여겨지는 식물들에 대해 다룰 것이다. 하지만 여기에 나온 내용은 실생활에 그다지 도움은 되지 않으니, 질병에 대해서는 본인의 상식이나 사전을 참고하길 바란다. 이 장에 등장하는 내용은 실질적으로 병을 치료하는 데 효과가 있다기보다는, 그저 "아브라카다브라!"라고 외치는 공허한 마법의 주문일 뿐이니 말이다.

과거에 젊은이들은 잎이 돌돌 말려 있는 면마(고사리의 일종으로 뿌리와 줄기는 구충제용으로 쓰인다-옮긴이 주)를 지니고 다니면, '이블 아이(the Evil Eye: 사안(邪眼)이라고도 하는데 사람이나 물체에 재앙을 가져오는 초자연적인 힘을 가진 눈과 그 힘의 행사나 작용을 말한다-옮긴이 주)'나 마녀의 저주를 막을 수 있다고 여겼다. 면마는 미신을 잘 믿는 사람들이 지녔을 뿐만 아니라, 마법에 걸리지 않게 해주는 부적으로 가축에게도 착용되었다.[13] 고사리삼(초승달 모양의 작은 잎이 나는 고사리-옮긴이 주)은 빗장이나 창살, 심지어 편자에 박힌 못 등 잠겨 있는 모든 것을 해제시키는 힘이 있고, 잔가지는 결석結石에 효험이 있다고 여겨졌다.

팬지의 뿌리와 꽃은 화를 가라앉히는 효과가 있으며, 심장을 안정시키고 강인하게 만든다고 여겨졌다. 이 때문에 팬지의 꽃말은 '마음의 안정'이다.

영국에서는 여전히 세례자 요한의 수난 기념 축일의 전날 밤에 성요한 초(St.-John's-wort)를 모아서 창가나 문에 걸어놓는 관습이 있는데, 이는 사악한 영혼을 쫓고 폭풍우나 재난으로부터 거주자를 지키는 오래된 미신과 그 궤를 같이한다.

크리스마스 장식에 널리 사용되는 호랑가시나무와 관련된 믿음은 로마의 정치가 플리니우스의 글에서도 그 유래를 찾을 수 있다. 그는 "호랑가시나무의 나뭇가지는 번개로부터 집을 막아 주고, 그 집에 사는 사람들이 마법에 걸리지 않게 해준다"라고 적고 있다. 또 뮤레인(허브의 일종-옮긴이 주)은 야생동물로부터 입은 상처에 효과가 있는 동시에, 사악한 힘이 접근하는 것을 막아준다고 한다. 이와 유사하게

신화와 미신 그 끝없는 이야기

마가목은 악마의 주술과 마녀, 요술쟁이를 쫓는 효과가 있다고 여겨진다. 문 앞에 바다양파sea-onion를 걸어 놓는 것도 같은 이유에서이다.

어떤 작가는 "여자가 허무맹랑하게 지껄여 대는 소리를 들었을 때, 금식 후 밤에 무radish의 뿌리를 먹으면 그 여자가 지껄인 말에 해를 입지 않을 것이다"라고 썼다. 비록 그 작가가 직접 시도해 본 건 아니지만, 이런 행위는 당시에 꽤나 효과가 있는 것으로 여겨졌다.

식물에 대한 미신 중 상당 부분은 변형된 형태로 여전히 우리의 삶에 깊이 남아 있다. 대부분의 사람들은 그것이 미신이라는 것도 의식하지 못한 채, 크리스마스 날 상록수나 호랑가시나무로 집 안을 장식하며 미신적 행보를 이어가고 있다. 하지만 뉴잉글랜드의 청교도 선조들은 크리스마스가 본연의 방식 그대로 지켜져야 한다고 주장하며, 예배당을 '크리스마스의 초록빛'으로 장식하는 것을 필사적으로 반대했다. 하지만 그들이 오늘날의 풍성한 크리스마스 축제와 활기찬 크리스마스 풍경, 그리고 아래의 노랫가락 속에 나오는 광경을 본다면 아마도 깜짝 놀랄 것이다.

"호랑나무 가시,

빨간 열매로 장식된 트리와 선물 상자,

반짝이는 새 촛대,

벽에 걸린 그림들."

전화 한 통으로 실력 있는 의사들을 바로 불러 올 수 없었던 시절이나, 외따로 떨어진 곳에 사는 시골의 신중한 아낙네들은 가족들이 병에 걸릴 것을 대비하여 각종 식물의 뿌리나 약초들을 집안에 항상 저장해 두곤 했다. 오늘날 '인기 있는 치료법'으로 알려진 약초들은 조셀린의 『뉴잉글랜드의 진기함을 발견하다New England's Rarities Discovered』라는 책에 등장하는데, 간략히 소개하자면 그 내용은 다음과 같다.

"매의 가죽은 배가 아프거나 냉할 때 착용하면 좋다. 류머티즘 때문에 다리가 아플 때는 곰 가죽 위에 누우면 낫는다. 빨갛게 타오르는 석탄 위에 바다표범 기름을 부으면 어머니의 자질을 갖출 수 있다."

흰 새조개의 조가비는 피를 멈추게 하는 효과가 있다. 또 방울뱀에 물렸을 때 "그 뱀의 신선한 심장을 삼키면 독을 해독할 수 있다. 그리고 뱀의 쓸개즙을 물린 곳에 바르면 된다"라고 했는데, 이는 '동종(同種)의 것은 동종의 것으로 치유된다'라는 동종 요법으로 보인다. 하지만 이는 코흐(Koch, 1843-1910: 독일의 미생물학자로 노벨의학상을 수상했다-옮긴이 주)박사나 파스퇴르 박사의 과학적 방법과는 전혀 관련이 없다.

의학이 눈부시게 발달했는데도 질병과 관련된 미신을 완전히 근절하기란 여전히 쉽지 않다. 기를 쓰고 뽑아내도 끈질기게 살아남는 잡초처럼, 미신적 처방을 지지하는 많은 사람들은 여전히 정식 의학에 의구심을 품은 채, 지나간 시대의 지식에 집착하고 있다. 마치 물에 빠진 이가 지푸라기라도 잡으려는 듯이 말이다. 이들은 또 기질이나 연주창(경부림프선결핵-옮긴이 주), 심지어 몸에 있는 반점조차도 선대로부터 물려받는 것으로 여겼다. 여전히 많은 지역에서는 어느 집안에 병이 생기면 이를 그저 불운이라고 생각하지 않고, 일종의 천벌이나 고난으로 여긴다. 나는 병에 걸린 사람들을 경멸 섞인 말로 지칭하는 사람을 만난 적도 있다.

과거에는 천랑성(시리우스)이 비천한 인류에게 초자연적인 영향력을 행사다고 믿었다. 그래서 천랑성이 출현하는 시기에 사람들은 먹고 마시는 것에 주의를 기울여야 했는데, 굽거나 저미거나 질긴 고기는 피하고, 소화를 위해 소량의 맥주나 약간의 음료를 마시는 것만 허용되었다.

만지기만 해도 효험이 있다고 알려진 자연물 중 가장 잘 알려진 것이 마로니에일 것이다. 마로니에 열매는 류머티즘을 쫓는다는 믿음이 널리 퍼져 있기 때문이다. 내가 아는 신사들 중 몇몇은 습관적으로 마로니에 열매를 소지하고 다닌다. 최근에도 한 익사자의 주머니에서 마로니에 열매가 발견되기도 했다. 동일한 효과를 위해 마로니에

Part 6 병을 예방하는 부적들

열매보다 감자를 선호하는 사람들도 있다.

어느 날 이 주제에 대해 어떤 신사에게 우연히 말한 적이 있는데, 놀랍게도 그 신사는 내 말을 듣자마자 주머니에서 아주 튼실한 감자 한 덩이를 꺼내어 보여주더니, 감자야말로 류머티즘에 특효약이라며 한참이나 열변을 토했다. 또 너트메그(사향 향기가 나는 호두라는 뜻으로 육두구라고도 불린다. 향미료나 강장제 등으로 쓰이기도 한다-옮긴이 주) 역시 류머티즘에 좋다고 믿고, 이 열매에 구멍을 뚫어서 목에 걸고 다니는 이들도 있다.

뱀장어 가죽으로 만든 가터(스타킹이나 와이셔츠 소매 등이 흘러내리지 못하게 여미도록 고안된 것-옮긴이 주)를 착용해도 동일한 효과가 있다고 한다.

신발 안에 황을 넣고 다니는 것도 류머티즘을 치료하는 데 좋다고 알려져 있다. 또 황은 독감을 예방하는 효과도 있다고 한다.

철로 된 반지를 끼는 것 역시 류머티즘에 효과가 있다고 여겨진다.

유능한 사업가 한 명은 내게 너트메그에 구멍을 뚫어서 실로 꿰어 목에 걸고 다니면 종기나 부스럼에 확실한 효과가 있다고 진지하게 말한 적이 있다. 그는 이 방법은 "절대 실패할 리가 없다"고 확고한 어조로 말하며 내게 시도해 볼 것을 종용했다.

마로니에 열매를 소지하면 티눈이나 사마귀도 없앨 수 있다고 여겨진다. 혹은 사마귀를 구리 동전으로 문지르면 사마귀가 낫는다고 한다. 단, 이때 피부 위를 문지른 동전은 곧바로 멀리 던져 버려야 한다. 만일 누군가 그 동전을 줍는다면 그 사람 역시 사마귀에 전염될 것이다. 또 다른 방법으로는 사마귀에 바늘을 꽂은 후에, 그 바늘을 다시 뽑아서 사과나무에 꽂는 방법이 있다. 반면, 영국에서는 사과나무가 아니라 물푸레나무에 꽂아야 한다.

대중들은 병이 전염되는 것을 병에 '붙들리는catching' 것이라고 생각했다. 이러한 관점에서 아픈 아이와 개를 함께 재우는 경우가 있는데, 이는 잠을 자는 동안 아이의 병이 강아지에게 옮겨갈 것이라는 믿음 때문이다. 이러한 치료는 최근까지도 흔히 이루어지고 있다.

사마귀에 대한 이야기로 돌아가 보자면, 일부 시골 사람들은 굴뚝 뒤편에 분필로 십자가를 그리곤 한다. 십자가가 굴뚝에서 나온 연기의 검댕으로 덮이는 순간, 사마귀가 사라진다는 믿음에서였다. 이러한 치료법에 정통한 또 다른 사람들은 콩을 훔친 후, 비밀리에 그 콩을 땅 속에 묻으면 골치 아픈 사마귀나 종기 등이 사라질 것이라 주장한다. 만일 이 모든 방법이 실패로 돌아간다면, 티눈이나 사마귀를 다른 이에게 팔아도 된다. 그걸 누구에게 팔 것이며, 과연 사 주는 이가 있을지는 의문이지만 말이다.

Part 6 병을 예방하는 부적들

썩은 이를 뽑을 때, 뽑은 이가 어금니라면 즉시 불 속에 던져야 한다. 그렇지 않으면 그 자리에 고양이의 이가 날 것이다. 또 과거에는 흑요석 가루와 포도주를 섞어 마시면 치통에 확실한 효과가 있다고 믿었다.

후드 달린 망토를 입으면 익사를 방지할 수 있을 것이다.

고양이에게 키스하지 마라. 병이 옮을 것이다.

마부나 마구간지기들은 마구간 근처에 염소를 한 마리 기르면 말이 건강을 유지할 수 있다고 믿는다.

금으로 된 결혼반지를 끼면 다래끼가 나을 것이다.

목에 붉은 목도리를 두르면 코피를 예방할 수 있다.

잭나이프를 침대 머리맡에 붙여두면 경련을 예방할 수 있다. 혹은 침대 옆에 슬리퍼를 자기 전에 뒤집어 놓는 방법도 있다. 이를 소홀히 하면 틀림없이 경련이 재발할 것이다. 내게 이런 방법을 알려준 신사는 어머니로부터 그 이야기를 들었다고 했다. 책에 나와 있는 전통적

신화와 미신 그 끝없는 이야기

인 방식에 따르면, 잠자리에 들기 전에 신발을 십자가 모양으로 두면
경련을 예방할 수 있다고 한다.

일부 시골에서는 나뭇잎이 무성하게 자라면 질병이 올 전조라고
여겼다. 또 가을이 왔는데 나무에 꽃이 피면 유행병이 돌 것이라 믿
었다.

치아술사는 시골에서 꽤나 돈이 벌리는 직업이었다. 한 시골사람이
친구에게 치아술사의 치료 방법에 대해 묻자, 치아술사의 시술을 받
은 친구는 이렇게 대답했다.
"뭘 했냐고? 사실 아무것도 하지 않았어. 그저 혼자 몇 마디 중얼거
렸을 뿐인데, 순식간에 통증이 깨끗이 사라지더란 말이지."
치아를 '당겨서' 뽑는 걸 무서워하던 그 사람은, 치과의사를 찾아
가는 것이 두려워서 극심한 치통을 참아내고 있었다. 그런 참에 그는
통증을 치유해준다고 명성이 자자한 유명한 치아술사를 떠올리고는
그 여자에게 찾아간 것이었다. 그의 말에 따르면, 치아술사가 몇 마디
주문을 중얼거리자 극심한 고통이 단숨에 사라졌다고 한다.

사형수를 목매다는 데 쓰인 고삐를 만지면 두통을 쫓는 효과가 있
다고 한다. 아마도 사람들은 이 야만적인 죽음의 도구에 특별한 힘이

있을 거라고 여겼던 것 같다. 그래서 남부의 흑인들은 비싼 값을 주고 교수형 집행인의 올가미를 사서 부적처럼 집 안에 둔다고 한다.

매드스톤(madstone: 소나 사슴 등 되새김질하는 동물이 삼킨 털이 위 속에서 덩어리처럼 엉켜서 돌처럼 굳어진 것을 말한다-옮긴이 주)은 광견이나 뱀 등에 물린 상처를 치유하는 효험이 있다고 알려져 있다. 몇 년 전, 미시시피에 사는 여인이 갖고 있는 매드스톤의 효험(다수의 저명한 사람들이 그 돌이 실제로 놀라운 효과가 있다고 증언했다)에 관한 이야기가 신문에 실리기도 했다. 상처나 물린 곳에 매드스톤을 붙여 놓으면, 매드스톤이 상처에 붙어 바이러스를 쭉쭉 빨아들인다는 것이다. 상처에 붙여 놓은 돌이 떨어지면 그 부위를 잘 씻은 후에 다시 상처에 붙이고 저절로 떨어질 때까지 기다린다. 그렇게 하면 환자가 광견병이나 독의 위험으로부터 벗어난다고 한다. 사람들은 광견에 물린 후, 광견병이 발병하기 전에 이러한 방법으로 매드스톤을 사용하면 병에 걸리지 않는다고 믿었다.

버지니아에서도 이와 유사한 사례가 보고된 적이 있는데, 그것이 바로 유명한 어퍼빌의 매드스톤이다. 이 돌은 프레드 가문에서 150년 동안 대대손손 전해 내려오는 가보로, 그 돌은 독이 있는 동물에게 물린 상처에 생기는 바이러스를 먹어치우기 좋아하는 기묘한 성질이 있다고 한다. 그 돌의 소유자의 이야기를 옮기자면 이러하다.

신화와 미신 그 끝없는 이야기

“그 돌은 영국 워릭셔 지방 출신의 부유한 농부인 조슈아 프레드가 1740년에 버지니아로 가져온 것입니다. 그는 미국으로 건너온 뒤 포키어에서 큰 지주가 된 사람이지요. 그의 바람에 따라 후손들은 그 돌을 집안의 가보로 삼고 소중하게 여겼습니다. 그리고 오래된 것을 귀히 여기고 신뢰하는 버지니아 사람들은 이 돌을 잘 활용했습니다. 이 얼마나 자랑스러운 일인지요! 개에게 물린 사람은 누구나 프레드의 농장으로 찾아와 아무런 대가 없이 이 돌로 치료를 받을 수 있었으니 말이지요. 프레드 가문은 사람들에게 무상으로 100년 동안 매드스톤을 제공했습니다. 심지어 숙박료도 받지 않았고 말도 무료로 돌봐 주었지요. 하지만 몇 년 후, 전쟁을 겪으며 집안에 큰 변화가 찾아왔고, 이제 프레드 가문의 재산도 예전 같지 않아졌지요. 그런 이유로 지금은 매드스톤을 사용하는 대가로, 방문객들은 자발적으로 접대비와 숙박료 등을 지불하고 있습니다. 하지만 이 돌을 활용한 치료에 대한 비용은 단 한 푼도 받지 않았습니다.”

“프레드 가문의 일원 중 매드스톤의 관리를 맡은 이들은 매드스톤의 치료를 받은 사람들의 이름과 나이, 그리고 상처의 치료 방법 등을 문서로 기록해 두었습니다. 그 문서는 여러 가족 구성원들의 다양한 필체로 적혀 있으며, 그 글을 쓴 사람 대부분은 이미 오래전에 세상을 떠났지요.”

"제가 그 돌을 소유하고 있는 동안, 광견병에 걸린 개에게 물린 상처로 괴로워하는 이들이 몇 번이나 저를 찾아왔습니다. 제가 기억하는 마지막 사례는 그 돌을 팔기 며칠 전의 일이었지요. 그날 밤, 어린 소년이 늦은 밤에 우리 집으로 실려 왔습니다. 소년의 손목에는 개에 물린 흉한 상처가 있었고, 소년의 아버지는 소년이 광견병에 걸릴까봐 무척 걱정하고 있었습니다. 나는 밤 10시경, 소년의 손목의 상처 위에 그 돌을 올려두고 잠자리에 들었습니다. 소년의 아버지는 밤새 소년의 곁을 지켰지요. 소년의 아버지의 말로는 새벽 2시에 그 돌이 저절로 상처에서 떨어졌다고 하더군요. 그 뒤에 소년은 편안히 잠들었고 말이지요. 소년의 아버지는 내가 일러준 대로 그 돌을 우유가든 잔에 담가 두었습니다. 다음 날 내가 그 돌을 보았을 때, 짙은 초록색 찌꺼기가 끼어 있더군요. 정석대로의 결과였죠. 그 돌은 상처의 독을 모조리 빨아내기 전에는 절대 떨어지지 않으니까요. 그리고 그 돌을 따뜻한 물이나 우유에 담가 두면 액체가 초록색으로 변하지요. 그 돌은 자그마하고 매끈매끈한 회색빛을 띤 갈색 돌이었어요. 헌데 수년 전에 어쩌다 둘로 쪼개져 버렸답니다. 보석상이 그 돌에 금테를 둘러 다시 합쳤는데, 돌을 살펴본 보석상에 따르면 돌 내부는 겉보다 색이 좀 더 짙고 둥근 형태의 결이 나 있었다고 일러주더군요.[14]"

개에게 물렸을 때, 그 해독을 위해 물린 개의 털을 몇 가닥 뽑아야 한다. 이는 술꾼들이 술만 마셨다 하면 으레 하는 말로, 술꾼들을 통해 격언처럼 전해 내려오는 이야기다.

또 광견병의 확실한 증상이 나타나기 전까지는 사람을 문 개를 죽여서는 안 된다는 말도 있는데, 이는 다소 근거가 있어서 현재에도 어느 정도 통용되는 개념이다.

15년 전에 '파란색 유리'가 엄청나게 인기를 모았던 적이 있다. '파란색 유리'의 유행은 미국 전역에 산불처럼 빠르게 번졌다가 순식간에 사라져 버렸다. 당시 나라 전체가 파란색 유리에 완전히 미쳐 있었다고 해도 과언이 아니었다. 사람들은 파란색 빛이 모든 병을 치료할 수 있다는 이론을 마치 과학적으로 증명된 사실인 양 굳게 믿었다.

이런 광신적인 믿음으로 이득을 본 사람들은 파란색 병을 제조하여 판매하는 사람들뿐이었을 것이다. 만일 파란색 유리가 진짜 기적적인 치료 효과가 있었다면, 신문 기사로 대서특필 되었을 터인데 사실 그런 기사는 단 한 줄도 나오지 않았다. 그러므로 사람들은 파란색 유리의 효험을 의심해야 마땅했지만, 실제로는 그렇지 못했다. 파란색 치료의 추종자들은 '파란색을 통한 치료'는 그저 파란색의 뭔가를 손 위에 올려두기만 해도 효과가 있으며, 심지어 약을 먹을 필요도 없다고 주장한다.

얼마 지나지 않아 이러한 치료를 가르치는 학교가 생겨났고, 수많은 추종자가 나타났다. 이는 정규 의학을 가르치는 전통적인 학교에 대한 도전일 뿐만 아니라, 의술에 대한 모독이나 마찬가지였다.

또 치유력이 있는 바닷물 속에 몸을 담그면 모든 병이 낫거나 혹은 이듬해에 걸릴 질병을 예방할 수 있다고 믿는 사람들도 많았다. 특히 이러한 믿음은 메인 주의 해안, 특히 올드 오처드 비치Old Orchard Beach 와 그 주변에서 크게 유행했다. 이 믿음은 유럽의 성지순례와 동일한 미신에 그 뿌리를 두고 있다. 그리하여 매년 세례자 요한의 축일 날, 호기심 많은 마을 사람들은 집단적 충동에 이끌리듯 무리를 지어 가장 가까운 바닷가로 가서, 앞 다투어 바닷물에 몸을 담갔다.

이들은 마치 단골 거래처가 단 하루 동안만 엄청난 혜택을 몰아주듯이, 바닷물은 바로 그날에만 효험이 있어서 머리부터 발끝까지 몸 전체의 질병을 낫게 해준다고 믿었다. 그 신성한 날에는 남녀노소 할 것 없이 이들이 탄 마차 행렬이 육지에서 바다를 향해 길게 이어진 모습을 볼 수 있었고, 학생들조차도 어른들을 모방했다. 이유는 알 수 없지만, 이러한 관습은 오랜 관행으로 인정받았을 뿐만 아니라, 심지어 전통으로 존중받기도 한다. 기실 그날(6월 26일)은 일 년 중 다른 날들과 하등 다를 바가 없는데도 말이다.

미신을 믿는 사람들은 대개 자신이 미신적이라는 사실을 끝까지 인정하지 않으려는 법이다. 그래서 이러

한 관습의 추종자들은 그 주제에 대해 좀처럼 입을 열지 않거나, 혹은 자신들은 질병을 낫거나 예방하기 위해 바닷물에 몸을 담그는 것이 아니라, 그저 그날 해변에 멱을 감으러 가는 것뿐이라고 말하곤 한다. 하지만 어째서 군이 그 '특별한 날'에 해변으로 가서 몸을 담가야만 할까?

이런 행위를 하는 건 그 물에는 병을 치유하고, 병약한 몸을 튼튼하게 만들어주며, 절름발이를 걷게 만드는 기적적인 힘이 있다고 믿기 때문이다. 그래서 생긴 관습이다. 이들은 매년 그 바닷가에 몸을 담그는 것은 신을 공경하는 마음에서이며 혹은 청결을 위해서라고 할 뿐, 치료를 위한 것이라는 사실은 끝끝내 인정하려 들지 않을 것이다.

하지만 이러한 관습이 오롯이 종교적 믿음에 의한 것이라고만 보기는 힘들다. 이는 치료를 위해 바다에 몸을 담그는 행위가 한창 유행하던 특정한 시기에 생긴 정신적이고 도덕적인 집착일 뿐이다. 만일 이러한 행위가 순수한 종교적 신념만으로 행해졌다면, 사람들의 비웃음에도 이런 관습은 오래도록 꿋꿋하게 살아남았을 것이다. 하지만 유감스럽게도 성 요한 축일마다 바닷물에 몸을 담그는 관습은 그리 오래 지속되지는 못했다.

단순한 우연의 일치일지는 몰라도, 성 안나의 축일 역시 26일이다. 메인 주의 해변에 몸을 담그기 위해 떠나던 이들과 마찬가지로, 미국 북부 일부 지역과 캐나다에 사는 신도들은 그날 성 안나의 성지를 향해 순례여행을 떠났다. 메인 주의 성지와 캐나다의 성지가 서로 다른 점이 있었다면, 캐나다의 성지에서는 기적적인 치료를 행했던 힘의 징표들을 눈으로 생생하게 볼 수 있었다는 점이다. 보르프의 성녀 성 안나의 자그마한 교회를 방문한 어떤 이는 이렇게 말했다.

"이 교회의 가장 특징적인 점은, 제단의 난간 안에 목발과 지팡이들이 산더미처럼 쌓여 있다는 점입니다. 목발과 지팡이들은 모두 크기와 모양이 제각각이지요. 최근에 추가된 두 개의 목발은 난간에 세워져 있는데, 이것들은 바로 이곳에서 다리가 나아서 걸어 나간 사람들이 두고 간 것들이지요."

이 신성한 성지에서 이루어지는 놀라운 기적은 캐나다 신문에 종종 실리곤 한다. 신문의 내용은 이러하다.

지난 2년 동안 목발을 짚고서만 걸을 수 있었던 마리 레베스크라는 소녀는 순식간에 다리가 나았다. 그리고 한 아일랜드 젊은이는 교회에서 나와서 퀘벡으로 가는 배로 돌아오던 중 갑자기 목발을 집어던지고는 친구에게 이렇게 말했다.

"이 목발을 교회에 놔두고 오는 걸 깜박했지 뭐야!"

그러자 친구가 이렇게 말했다.

"하지만 다시 목발이 필요할 텐데."

그러자 젊은이가 대답했다.

"아니, 앞으로 더 이상 목발을 짚게 될 일은 없을 거야."

이렇게 말한 젊은이는 온전한 발걸음으로 배의 갑판 위를 올라가기 시작했다.

퀘벡 주의 관보에는 이렇게 적고 있다.

3년 동안 몸의 반쪽이 완전히 마비되었던 '르노아'라는 남자가 토요일에 일행과 함께 세인트 제임스 교회에 갔다가, 동생의 부축을 받으며 두 발로 걸어서 나왔다. 또 5년째 귀머거리였던 라프레리 출신의 '물랭'이라는 한 농부는, 목사가 미사 중에 축복의 기도를 하자마자 그 자리에서 쓰러졌다.

농부는 목사가 축복의 기도 중 손을 들어 올리는 순간, 자신의 귀에서 어떤 감각이 느껴지기 시작했다고 말했다. 그리고 귀에 나지막한 신부의 목소리가 들리기 시작하자 기쁜 나머지 기절한 것이라고 했다.

또 퀘벡에 사는 '브루노'라는 농부는 1년 6개월쯤 전, 장티푸스에 걸려 시력을 잃었으나, 성스러운 물을 건너자마자 눈이 보이기 시작했다고 말했다.

지금은 고인이 된 농부 한 명은 내게 급성 후두염의 치료법을 알려

준 적이 있다. 그는 아이들을 괴롭히는 이 무섭고도 골치 아픈 병을 치료하는 확실한 방법에 대해 이렇게 설명했다.

"살아 있는 닭의 배를 갈라 모래주머니를 꺼내십시오. 그런 후에 차가운 물웅덩이에 모래주머니를 던져 넣은 후 그곳에 두십시오. 단, 모래주머니를 꺼낸 후에도 그 닭은 살아 있어야 합니다."

이와 비슷한 사례가 또 있다. 폐병에 걸려 죽어가던 한 가난한 시골 여인이, 과거에는 마녀 취급을 받았을 법한 한 돌팔이 치료사에게 다음과 같은 조언을 듣는다. 그 치료사가 말하길, 매일 살아 있는 개구리를 삼키면 병이 깨끗이 낫는다는 것이었다. 이 얼마나 어처구니 없는 일인지! 하지만 그 치료사의 말을 믿은 환자는 마을의 소년들을 시켜 개구리를 잡아오게 했고, 잡아 온 개구리는 지하실의 욕조 안에 넣어 두었다. 하지만 그 시도는 너무나 무모했고, 결국 여자는 죽고 말았다.

한편, 영국에서 연주창(King's Evil: 목에 멍울이 나서 곪아터지는 병. 프랑스의 왕 로베르 2세가 환부에 손을 댐으로써 병이 나았다는 설이 있으며, 이러한 왕의 치유 능력은 왕권의 신성함의 상징으로 여겨졌다-옮긴이 주)의 치료가 행해진 것은 적어도 1815년 이후부터였다. 연주창을 치료한 사례 중 가장 주목할 만한 것은 뉴햄프셔 피터버러의 윌리엄 로브 중

위의 치료이다.[15]

그는 치료의 일환으로 환자들을 살짝 만졌고, 이러한 치료법은 순식간에 많은 사람들을 끌어 모았다. 사실 너무 많은 환자들이 찾아온 나머지, 본래의 직업에 방해가 될 정도였다.

이 마을에서 40년 이상 진료를 해 왔던 유명한 의사인 영 박사에 의하면, 의학적 치료로 낫지 않던 연주창이나 종양 등에 걸린 유아들이 로브 중위의 '치유의 손'이 닿는 순간 즉시 나았다고 선언했다.

이 기적적인 치료를 계속 해나가던 로브 중위는 어느 날부터 더 이상 손을 들어 올릴 수 없을 지경이 되었다. 하지만 멀리서 찾아 온 환자들은 실망하지 않고, 중위의 축 늘어진 손을 억지로 끌어올려 환자의 머리에 가져다대곤 했다.

또 휘티어(John Greenleaf Whittier 1807-1892: 미국의 시인-옮긴이 주)의 『뉴잉글랜드의 불가사의Supernaturalism in New England』라는 책에는 뉴햄프셔의 퀘이커교도인 오스틴이라는 사람의 이야기가 나온다. 그는 그 시대에 일종의 정신적 치료 행위를 한 인물로 기록된다. 그를 직접 방문할 수 없는 사람들은 오스틴에게 편지를 보내는 것만으로도 병이 치료되었다고 한다. 그리고 보면 하늘 아래 불가능한 일은 없는 셈이다.

PART 7
보석 속에 담긴 운명

보석마다 특정한 속성이 있다고 믿는 것 역시 또 다른 형태의 미신이라 할 수 있다. 잘 알려진 민간전승에 따르면 보석은 각각 고유의 힘을 지니고 있는데, 이러한 보석의 힘을 믿는 이들은 특정 보석을 사기 위해 아낌없이 값을 치르곤 한다. 하지만 보석에 대한 힘은 문헌마다 달라서 보편적 기준을 찾기 힘들기에, 이 장에서는 미신과 관련이 있는 보석만 언급할 셈이다.

셰익스피어는 『연인의 탄식A Lover's Complaint』에서 그가 살던 시대의 '보석의 본질과 가치, 그리고 속성'에 대해 이렇게 쓰고 있다. 그 문장은 다음과 같이 시작한다.

"창백한 진주, 그리고 핏빛의 루비."

이 문장에서 셰익스피어는 열정의 두 가지 극단적인 모습, 즉 한 걸음 물러서는 겸손함과 대담한 욕망을 표현하고 있다. 곧이어 그는 다른 상징적인 보석들을 이야기한다.

"다이아몬드여! 그리도 아름답고 단단하지만

속내는 보이지 않는구나.

진한 초록빛 에메랄드, 그 싱싱한 빛을 보면

눈빛이 시든 자도 빛을 되찾을 것이리.

사파이어는 하늘의 색을 띠고,

오팔은 온갖 다양한 것들로 녹아 있나니."

보석상들은 보석과 관련된 미신과는 관계없이, 특정 시대에 가장 높은 값어치를 지닌 보석에 관심을 보였다. 다시 말해, 어떤 보석이 인기가 있을지는 특정 시기의 대중이 가진 취향에 따라 그때그때 바뀐다는 이야기다. 그러므로 시대의 유행에 따라 특정 보석의 수요는 이랬다저랬다 하기 일쑤였다.

보석에 대해 자세히 다루려면 책 한 권을 다 써도 모자랄 정도로 자료가 넘쳐난다. 하지만 특정 보석의 (좋거나 나쁜) 영향력에 대해서,

신화와 미신 그 끝없는 이야기

진정성 있는 정황적 증거 등을 제시하며 공식적으로 출판되거나 인정을 받은 것은 거의 없다. 오팔과 문스톤(월장석)은 명성이 높았다 나빴다 하며 요동친 대표적인 보석들이다.

이들 보석들은 드문 아름다움 덕분에 사람들의 주문이 빗발칠 정도로 유행하다가도, 대중의 변덕에 의해, 혹은 이들 보석에 담긴 오래된 미신이 갑자기 사람들의 입에 회자되며 인기가 수그러들어 몇 년 동안이나 보석상의 서랍 속에 처박혀 있기도 했다.

오팔을 지니면 불행이 찾아온다는 개념은 비교적 최근에 생겼다. 옛날 사람들은 오팔이 부적으로 큰 효험이 있다고 믿었다. 벤 존슨의 희곡 〈새 여관New Inn〉에서 페럿은 이렇게 이야기한다.

"내 주머니에는 고사리도 없고,

내 왼손에는 그대의 눈을 매혹시킬

월계수 잎으로 싼 오팔도 없소."

존슨과 셰익스피어의 시대에 오팔은 시시각각 오색찬란한 무지갯빛으로 색조를 바꾸는 특성 덕분에 높은 가치를 인정받았다. 그 시대의 오팔이 지닌 아름다움은 "석류석처럼 타오르는 붉은 빛과, 자수정의 보랏빛, 그리고 에메랄드의 초록빛이 기묘하게 섞여, 온갖 색으로 빛나는 고귀한 보석"이라고 예스럽게 묘사되었다.

당연히 보석상들은 특정 보석이 지닌 미신 때문에 구매자들이 그 보석의 구매를 꺼려할까 봐 미신에 대해 매우 민감해 하기 마련이다. 하지만 미신이 보석 판매에 도움을 준다면 상황은 완전히 달라진다. 예컨대 손님이 찾아와 운을 불러오는 보석에 대해 물으면, 보석상은 친절하게 문스톤(월장석)을 꺼내 보일 것이다. 그리고 약간의 흥정 끝에 마침내 손님은 행운을 불러온다는 문스톤을 부적처럼 소중히 손에 쥐고 떠날 것이다.

또 아게이트(agate: 보석의 일종으로 마노라고도 불린다-옮긴이 주)는 장수와 건강을 가져다주는 보석으로 잘 알려져 있다. 현재 독일의 황제 역시 이 보석을 즐겨 착용한다고 한다. 오늘날 보석상들이 보석을 판매하는 행위는, 사랑에 빠진 이들에게 초자연적인 힘을 담은 부적과 미약을 팔던 고대의 마술사들이 하는 일과 그리 다르지 않은 듯하다.

사실 사람들이 벨트나 시계에 매달고 다니며 '부적'이라 부르는 것들의 역사를 더듬어 보면, 이들 대부분은 거의 미신에 그 기원을 두고 있다.

보석의 속성은 유행에 따라 달라지기도 했는데, 대표적으로 루비가 그렇다. 루비는 본래 약혼반지로 주로 쓰이던 보석이었지만, 지금은 다이아몬드에게 그 지위를 빼앗겨 버렸다. 하지만 루비는 여전히 여타 중요한 행사를 빛낼 가치 있는 선물이며, 질이 좋은 루비는 다이아몬드보다 더 높은 값어치를 자랑한다.

성경에는 "그녀의 가치는 루비보다 훨씬 고귀하다"라며 덕이 있는 여성을 칭송하는 대목이 있는데, 이는 루비가 결혼을 약속하는 반지로 매우 합당하다는 것을 암시하는 문장이기도 하다. 만일 그렇다면 루비의 자리를 다이아몬드에게 내준 것은 참으로 애석한 일이 아닐 수 없다.

오늘날 다이아몬드가 약혼반지로 가장 큰 인기를 누리게 된 것은, 다이아몬드가 알려진 것 중 가장 단단한 물질이라는 특성 때문일 것이다. 다이아몬드의 견고한 특성 덕분에 다이아몬드는 서로 다른 두 사람이 서로를 사랑하는 마음을 오래도록 지속해 나가게 해주리라는 상징성을 갖는다. 비록 이것이 그저 상징에 불과할지라도, 약혼반지를 주는 행위는 약속을 어길 시에 그에 대한 증거로써의 가치가 있었다. 또 고대에는 왕자나 귀족들이 중요한 내용이 담긴 도장이 새겨진 반지를 보내는 풍습도 있었는데, 이와 같은 풍습은 반지를 보낸 상대와 결혼할 것이라는 신성한 서약으로 간주되었다.

어느 양심적인 보석상이 언젠가 내게 들려준 이야기가 있다. 그는 젊은 신사가 사랑하는 연인에게 줄 약혼반지를 사러 올 때면, 신사에게 부디 에메랄드만은 피하라는 조언을 한다고 했다. 그 이유인즉, 반지를 받는 상대가 에메랄드를 '나쁜 징조'로 여길 수 있기 때문이다.

에메랄드의 짙은 초록빛은 불행을 암시한다. 또 에메랄드는 "초록 눈의 괴물(green-eyed monster: 셰익스피어의 오셀로에 나온 말로, 시기와 질투를 의미한다-옮긴이 주)", 즉 '질투'의 상징이기도 하다. 한 늙은 보석상은 젊은 여인들이 결혼을 앞두고 에메랄드를 받는 것을 꺼려 한다고 내게 귀띔했고, 또 다른 보석상은 약혼 선물로 에메랄드를 선물하는 풍습에 대해서는 들어 본 적이 없다고 말했다. 소설가 블랙Black은 『세 개의 깃털Three Feathers』이라는 책에서 에메랄드에 대한 이러한 미신을 증명하듯, "에메랄드 반지로 약혼한 두 사람이 결혼할 수 있을 리가 있겠는가?"라고 질문하기도 했다.

하지만 자료를 연구하는 이들은 이 사실에 반대한다. 이들은 어느 권위 있는 문서를 인용하여, 에메랄드는 "거짓 증거를 찾아내고, 행복과 가정의 경사를 보장해준다"라고 말했다.

결국 우리는 사람들이 에메랄드에 던지는 증오가 과연 확실하고 합당한 것인지 입증하지는 못했다. 하지만 적어도 미국인들이 뉴잉글랜드에 정착했을 무렵에는 에메랄드에 특정한 미신이 없었다는 것을 확인할 수는 있었다.

당대의 한 학식 있는 작가는 에메랄드에 대해 "세상 그 무엇보다 강렬한 초록빛의 진귀한 보석이며 에메랄드를 바라보면 눈이 편안해진다"라고 묘사했다. 그리고 그는 알베르투스 마그누스(Albertus

Magnus, 1193-1280: 독일의 스콜라 철학자, 신학자이면서 동시에 수학·자연학·형이상학 등에 관하여 폭넓은 교양을 지녔다-옮긴이 주)의 말을 인용하여 "에메랄드는 그리핀(Griffon, 그리스의 머나먼 북쪽에 산다고 알려진 괴조의 일종. 독수리의 머리와 날개, 앞다리를 가지며 황갈색의 몸통과 뒷다리는 사자의 모습이다-옮긴이 주)이 애지중지 하던 것으로, 에메랄드는 누군가가 그리핀의 둥지에서 꺼내 온 것이라 일컬어진다. 에메랄드를 지닌 여인은 좀 더 순결하고 정숙해진다"고 말했다.

이를 통해 에메랄드에 대한 부정적인 믿음이 아주 오래전부터 있었던 것은 아니며, 아마도 이런 믿음은 청교도인들이 메이플라워호를 타고 미국으로 건너온 이후에 생겼으리라 짐작할 수 있다.

터키석은 명백한 이유 없이 색깔을 바꾸는 특성 때문에, 경험 많은 보석상조차 당황스럽게 만드는 특이한 보석이다. 터키석은 보통 청록빛이 도는 아름다운 푸른색이지만, 가끔 초록빛이 되기도 하고 드물게는 하얀색으로 변하기도 한다. 한 보석상은 이와 관련해서 내게 자신이 겪었던 이야기를 해주었다.

이 보석상에게는 아름다운 파란 색의 귀한 터키 원석을 가진 친구가 있었다. 하지만 세공술사가 터키석을 다이아몬드와 함께 세공하자, 본래의 파란 빛을 잃고 희미한 하얀 색 막이 생겨 버렸다는 것이다. 본래의 터키석은 수백 달러의 가치가 있었기에, 이 상황은 분명 심각한 문제였다. 어쨌든 그는 이 이상야릇하게 변해 버린 터키석을 금고 속에 넣어 두었다. 다음 날, 구매자가 찾아와 그 보석을 요구했고, 보석상이 그 보석을 상자에서 꺼냈을 때 놀랍게도 보석의 일부가 본래의 색으로 돌아와 있었다. 즉, 반은 흰색 반은 파란색이었다.

"우리는 그 보석의 색이 변화하는 모습을 볼 수 있어서 되레 기뻐하기까지 했지요."

그가 말했다.

색이 변하는 터키석의 특징 덕분에, 사람들은 터키석을 통해 착용한 사람의 건강 상태를 짐작할 수 있다고 믿었다. 터키색이 파란색일 때는 착용한 사람의 건강이 좋다는 것을 의미하는 반면, 터키색이 초록이나 하얀색으로 변하면 건강이 나빠진 것이라 여겼다. 혹자는 다음과 같은 시를 쓰기도 했다.

"터키석은 색깔이 희미해짐으로써

주인의 건강 상태를 알려 주니

이 얼마나 자비로운 보석인가."

최근에는 산호가 다시 유행하고 있다. 산호는 과거에 사악한 이블 아이(the Evil Eye: 사안邪眼이라고도 하는데 사람이나 물체에 재앙을 가져

오는 초자연적인 힘을 가진 눈 및 그 힘의 행사나 작용을 말한다-옮긴이 주)
로부터 지켜주는 부적으로 여겨졌고, 지금도 이탈리아에서는 엄지와
중지 끝이 맞닿아 있는 손 모양의 작은 산호로 된 부적을 볼 수 있다.
또 산호나 붉은 구슬을 엮은 목걸이를 걸면, 코피가 흐르는 것을 예방
해주는 동시에 다양한 저주를 막을 수 있다고 믿었다.

심장 형태로 된 카닐리안(홍옥수)은 과거에 목걸이 형태의 부적으
로 주로 착용했다.

자수정은 중독을 치유할 수 있는 해독제로 여겨진다. 오늘날 자수
정으로 중독을 치료하는 행위는 금 치료법만큼이나 인기가 있다. 나
폴레옹 1세와 관련된 일화가 있는데, 나폴레옹은 샤를마뉴 대제의 관
속의 왕관에서 귀한 자수정을 훔쳤다고 전해진다. 훗날 이 자수정은
나폴레옹 3세에게 넘어갔고, 그는 이 자수정을 회중시계의 쇠줄 장식
으로 달고 다녔다. 그의 뜻에 따라 자수정은 일종의 부적으로 아들에
게 남겨졌고, 1870년에 황후가 파리를 탈출할 때 그 보석도 함께 가
져갔다고 한다.

**옛날 사람들은 석류석이 전염성 있는 공기로부터
위험을 막아준다고 믿었다.** 타오르는 석탄처럼 어둠 속에서

도 빛나는 속성을 지닌 탓에, 미신을 잘 믿는 사람들은 석류석에 초자
연적인 힘이 깃들어 있다고 생각했다. 존 초킬(John Chalkhill: 1600년
대에 활동하던 영국의 시인-옮긴이 주)은 마녀의 동굴에 대해 다음과 같
이 묘사한다.

"태초에 자연이 뿌린 씨앗인

석류석과 다이아몬드로 형형한 동굴은

별처럼 밝게 불타오르네."

다소 이상하게 들릴지도 모르겠지만, 우리 선조들은 뉴잉글랜드의
인디언들이 믿고 있던 것과 유사한 믿음이 있었고, 심지어 이 문명화
된 영국인들은 무지하고 야만적인 인디언들이 갖고 있던 믿음에 대
해 점점 더 강한 확신을 품게 되었다.

인디언들에 따르면 어느 황량한 호수에 험준한 산 하나가 돌출되
어 있는데, 그 산은 바로 거대한 석류석으로 이루어져 있었다는 것이
다. 그 석류석은 밤에는 불이 붙은 석탄처럼 활활 타오르는 것처럼 보
이고, 낮에는 아찔할 정도로 어지러운 빛을 내뿜는다고 했다. 산의 신
성한 수호를 받는 자가 아니면, 어떤 인간도 그 보석에 감히 손을 댈
수 없을 거라고도 했다.

이러한 전설에 영감을 얻어, 용기 있는 일부 백인들은 뉴햄프셔

의 화이트 마운틴으로 향했다고 전해진다. 설리번의 『메인 주의 역사History of Maine』에 따르면, 석류석으로 이루어진 불타는 산에 대한 전설은 당시의 무지한 정착민들 사이에서도 제법 신빙성을 얻고 있었다는 사실을 알 수 있다. 호손의 위대한 작품 『거대한 석류석The Great Carbuncle』(1837년에 발표된 호손Hawthorne의 단편소설로, 각기 다른 목적을 갖고 석류석으로 이루어진 산을 찾아 떠나는 일행의 이야기를 담고 있다. 하지만 수색자Seeker는 석류석에 손을 뻗으려다 죽고, 냉소자Cynic는 보석의 빛이 너무 강렬해 눈이 멀고 만다. 이 광경을 본 신혼부부 매튜와 한나는 석류석을 등불로 쓰려던 본래 목적을 포기하고 집으로 돌아온다는 내용이다-옮긴이 주)은 이 이상한 전설을 바탕으로 하고 있다.

사실 보석에 관한 미신은 일반인보다는 자신의 욕망을 만족시킬 수 있는 소수의 부자에게 더 큰 의미가 있었다. 로스차일드 가문의 진주는 누구나 들어 본 적이 있을 만큼 유명하며, 또 론Lorne 가의 루이즈 공주는 건강을 지켜준다는 흑석으로 된 반지를 착용했다. 그리고 에밀 졸라는 육지에서나 혹은 해상에서의 위험으로부터 보호해주는 부적으로 산호를 늘 소지했다고 한다. 하지만 부자나 계급이 높은 자라 할지라도, 가난하고 비천한 자들과 마찬가지로 죽음이나 질병에서 완전히 벗어날 수는 없었다.

The Myths and
Fables of To-Day

PART 8
사랑과 결혼에 대한 미신

결혼에 대한 민간전승은 특히 여성들에게 그 무엇보다도 흥미로운 주제다. 사람들은 결혼에 대한 좋은 징조와 거슬리는 징조에 대한 사례들을 주의 깊게 머릿속에 새겨 두는 경향이 있다. 그리고 사악한 전조를 만나면, 이를 얼른 좋은 징조들로 바꾸거나 지워 버리기 위해 안간힘을 쓰곤 한다.

미혼의 젊은 여성들은 미래의 남편이 부자일지 가난할지, 키가 클지 혹은 작을지, 두 사람의 결혼생활이 행복할지 그렇지 않을지 알고 싶은 욕구로 가득할 것이다. 그리고 이 궁금증을 해소하기 위해 공식적으로 혹은 비밀리에 여인들은 가장 정평이 난 방법으로 점을 보거나 예언의 말을 들으러 가곤 한다. 가장 잘 알려진 예언의 형태들을 소개하자면 다음과 같다.

운 좋게 옷에서 작고 예쁜 무당벌레 한 마리를 발견하면, 무당벌레를 집어서 공중에 던지며 다음과 같은 기원의 말을 한다.

"동쪽으로 날아가렴, 서쪽으로 날아가렴.
내게 가장 잘 맞는 짝이 어디에 사는지 알려 주렴."

사람들은 성 밸런타인데이나 크리스마스이브, 핼러윈 등과 같은 특별한 날에는 부적의 효과가 더욱 강해진다고 여긴다. 성인을 기리는 축일에 어찌하여 악령이나 요정 같은 것들의 힘이 더 강해지는지 다소 의문스럽긴 하지만 어찌 되었든 사람들은 악령이나 요정들이 다른 날보다는 이런 '특별한 날'에 호기심 많은 인간들의 소원을 더 잘 이루어준다고 여겼다. 특히, 결혼의 여신은 핼러윈의 단골손님이었던 것은 틀림없다.

결혼 상대에 대한 다양한 예측 중, 녹인 납을 그릇에 담긴 물에 떨어뜨려 점을 치는 방식은 매우 인기가 있었다. 여인들은 납이 만들어내는 형상을 통해 미래의 남편 직업을 추측했다. 혹은 한밤중에 털실 하나를 들고 밖으로 나가서 털실을 풀어 놓은 후, 누군가가 반대쪽 끝을 감아오기를 기다리는 방식도 있다. 여자에게 반한 구혼자는 그 기회를 놓치지 않기 위해, 연인이 밤에 실을 들고 나타나기를 기다리기도 한다. 또 물 위에 달걀을 깨뜨려서 나타난 흰자의 모양을 통해 결혼할 남자의 직업을 추측하기도 한다. 예컨대, 돛대를 단 배의 모양이 나타나면 미래의 남편은 선원이라는 것을 예측하는 식이다.

견과를 태우는 행위 역시 운명을 점치는 방법으로 매우 인기가 있었다. 이를 위해서는 처녀와 총각들이 모닥불 앞에 둥그렇게 앉아서 견과를 꺼내 보인 후에, 각자 자신이 가진 견과의 이름을 말하고 불 속으로 던져 넣으며 마음속으로 소원을 빌면 된다.

"그가 나를 사랑하면 하늘로 날아갈 듯하고,

그가 나를 싫어하면 살아도 죽는 것이리."

시인 게이Gay는 이를 약간 변형하여 이렇게 표현했다.

"두 개의 개암나무 열매를 불 속에 던졌네,

각각의 열매에 사랑하는 이의 이름을 담아서.

하나는 가장 큰 불꽃이 튀어 나를 놀라게 하고,

다른 하나는 가장 밝은 빛으로 타올랐지.

타오르는 열매는 커져가는 열정처럼,

그대의 이름을 담고 더욱 밝게 타오르네."

반면, 번즈(Robert Burns, 1759-1796: 스코틀랜드의 시인-옮긴이 주)는 다른 의견을 제시한다. 그는 견과류 하나에 본인의 이름을, 다른 하나에는 사랑하는 이의 이름을 붙여서 태워야 한다고 말했다. 아마도 그것은 그가 살았던 스코틀랜드의 풍습이었을 것이다.

"진은 조심스레 둘 사이에 앉았네.

열매에 누구의 이름을 붙였는지

소리 내어 말하진 않았지만

그녀는 가만히 속삭였다네.

이건 그 사람, 이건 나.

그는 불타는 눈으로 그녀를 바라보았고,

그녀도 그를 바라보았지.

둘은 결코 헤어지지 않으리.

휙! 그는 어딘가로 숨어 버렸고,

그날 밤 진은 가슴이 아팠네."

견과류를 태우는 대신 곡식을 불 속에 넣으며 소원을 빌기도 한다. 이때는 "낟알아, 뒤집어져라!"라고 외치며 소원을 빈다.

신화와 미신 그 끝없는 이야기

사과를 이용하여 점을 치는 방법도 있다. 뉴잉글랜드에서 가장 흔히 사용되는 방식은 다음과 같다. 우선 사과 껍질을 한번에 벗겨낸 후 머리 뒤로 던진다. 사과 껍질이 떨어진 모양과 가장 비슷한 알파벳을 통해 장래 남편의 이름 앞 글자를 알 수 있다. 게이Gay는 이를 다음과 같이 시적으로 표현했다.

> "이 사과를 둥글게 둥글게 깎아,
>
> 그 사람의 이름을 담은 채 들판 위에 서서
>
> 끊어지지 않은 온전한 사과 껍질을
>
> 머리 뒤로 던졌더니,
>
> 풀 위에 뚜렷한 L자가 나타났네."

이런 방법도 있다. 낯선 침대에서 처음으로 잠이 들 때, 침대의 네 개 기둥마다 남자 친구들의 이름을 붙인다. 다음날 아침, 눈을 떴을 때 가장 먼저 보이는 침대 기둥에 이름이 붙여진 남자가 바로 결혼 상대자가 될 것이다. 단, 반드시 침대 오른쪽 구석에서 잠을 자야 한다.

머리 위로 거울을 들고, 지하실 계단을 거꾸로 걸어 내려가면 장차 결혼할 상대가 거울 속에 비칠 것이다.

데이지 꽃을 통해 미래를 점치는 것은 괴테의 『파우스트』에도 등장할 정도로 오랫동안 널리 알려진 방식이다. 이러한 꽃점은 처녀들이 가장 많이 쳤을 것이다. 이들은 눈처럼 새하얀 꽃잎을 한 장, 한 장 뜯으며 다음과 같은 신비한 문구를 나지막이 속삭인다.

"'그는 나를 사랑한다, 사랑하지 않는다.'
그녀는 말했네, 단아한 머리를 숙이고
데이지 꽃의 신비한 마법의 주문을 읊었지.
'그는 나를 사랑한다, 사랑하지 않는다, 사랑한다.'
그녀는 속삭였네.
금빛으로 출렁이는 옥수수 밭 한가운데서."

마지막 꽃잎이 떨어지는 순간, 그 예언을 들을 수 있다.

산책을 나가기 전, 신발 속에 네잎 클로버를 넣어두면 결혼 상대를 만나게 될 것이다. 네잎 클로버는 변심한 연인의 마음을 되돌리는 힘도 갖고 있다. 덕분에 사람들은 이 자그마하고 눈에 띄지 않는 들풀을 온 힘을 다해 찾아다니곤 한다. 네잎 클로버와 관련된 노랫가락은 다음과 같다.

"클로버, 짝을 찾는 클로버,

클로버를 신발 속에 넣으렴.

들판, 거리, 혹은 골목에서

맨 처음 마주친 젊은이가

너와 결혼하게 되리.

그의 이름을 갖게 되리."

일부 지역에서는 콩꼬투리나 완두콩꼬투리를 부적처럼 문 위에 올려 두면, 행운을 가져다주는 인물이 걸쇠를 들어 올리고 집 안으로 들어온다고 믿었다. 이는 아주 오래된 믿음으로, 시인 게이Gay는 다음과 같은 시로 표현했다.

"알이 통통하게 차 있는 완두콩꼬투리를

소중하게 집으로 가져와서

문 위에 두었지.

빗장을 열고 처음 들어오는 이는

루버킨Lubberkin(집안일을 도와주고 행운을 가져다주는 요정으로, 커다란 덩치에 털이 나

고 꼬리가 달린 형상을 하고 있다-옮긴이 주)이 되리니!"

또 다른 예로, 잠자리에 들기 전에 소금을 두 스푼 먹으면 갈증에

시달리다 꿈을 꾸게 되는데, 꿈속에서 자신에게 물 한 컵을 가져다주는 사람이 결혼 상대자가 될 것이라는 믿음도 있다.[16]

백마를 본 후, 100까지 숫자를 센 후에 처음 본 신사가 결혼 상대자가 될 것이다.

욕망을 억지로 끌어내기 위해 사랑의 미약媚藥을 조제하는 악습은 이제 거의 사라진 듯하다. 하지만 과거에는 점성술사와 마술사, 그리고 예언가들이 종종 이 방식으로 꽤나 많은 잇속을 챙겼다. 문학에서 이러한 사랑의 미약이 등장하는 예는 종종 볼 수 있다. 또 조셀린은 그의 저서에 "나는 어떤 음란한 여자가 이 난초과 식물의 뿌리와 와인을 섞어 성적 욕구를 위한 미약을 조제한 것을 본 적이 있다"라고 쓰기도 했다.

혐오스런 갈망이나 질투로 인한 번민에 사로잡혀 미약을 복용하는 끔찍하고 야만스러운 관습은 이제 점점 사라지고 있다. 허나, 오늘날에도 여전히 '질투'라는 사악한 감정은 우리 곁에 남아 있다.

민속학을 연구하다 보면, 결혼과 관련된 관습이나 관례는 나이 든 사람들뿐만 아니라, 모든 연령대의 사람들의 마음속에 깊이 새겨진 채 널리 퍼져 있다는 사

실을 발견하게 된다. 바로 이런 이유로 결혼과 관련된 미신은 그리 쉽게 사라지지 않으며 꾸준히 명맥을 이어 오고 있다. 예컨대 '신발 던지기'는 여전히 결혼식에서 제법 중요한 관례로 여겨지며 자주 행해지는 모습을 볼 수 있다. 신발을 던지는 행위는 비단 결혼식뿐만이 아니라 인생 전반에서 종종 등장하는 관습이긴 하지만, 무엇보다도 결혼과 깊은 관련을 맺고 있다.

신발 던지기가 이토록 중요한 관습이 된 기원과 근거는 꽤나 다양한데, 일부는 성경에서 그 기원을 찾고 있다. 성경에 따르면, 남자에게 결혼을 거부당한 여성은 남자의 신발 끈을 풀어 놓는다고 한다. 이러한 엄숙한 '포기'의 행위는 집안의 어른들이 참석한 가운데 이루진다. 이후 이 여성과의 결혼을 거부한 남자는 냉혹한 사람이라는 비난과 함께 대중의 싸늘한 시선을 받게 되고, 사람들은 그의 집을 '신발 끈이 풀린 남자'의 집이라며 손가락질한다.

또 「룻기」(룻이라는 이방 출신의 여인이 남편을 잃고 혼란한 시대를 사랑과 헌신으로 극복하여 마침내 여호와 신앙을 지킴으로 예수 그리스도의 계보에 오르는 과정을 그린 책으로 구약성경에 포함되어 있다-옮긴이 주)에 나오는 남성이 땅의 권리를 포기하는 증거로 신발을 벗어, 그 신발을 혈족의 남자에게 주는 대목이 있다.

이를 통해 이스라엘에서는 소유권을 포기할 때 신발을 벗어 주는 관례가 있었다는 사실을 알 수 있다. 트럽(Thrupp: 영국의 마차 제작자,

사업가-옮긴이 주)은 『수기 및 질의Notes and Queries』라는 저서에서 새 신부에게 낡은 신발을 던지는 행위는 아버지나 다른 보호자들이 새 신부에 대한 권한을 포기하는 것을 상징한다고 기록했다.

어쨌든 오늘날 사람들은 그것이 웃음거리가 될지언정, 여전히 신부의 짐 가방이나 마차에 낡은 신발을 매달아 놓는 행동을 결혼식의 전통으로 이어나가고 있다. 실제로 이런 행위는 이곳 뉴잉글랜드에서도 여전히 볼 수 있다. 물론 이런 관습은 신발에 얽힌 본래의 의미 대신, 그저 새로 결혼한 커플을 돋보이게 하고 이들의 새로운 시작을 요란하게 알리는 목적으로 행해지고 있지만 말이다.

『원시 시대의 결혼Primitive Marriage』의 저자, 맥레넌McLennan은 신발을 던지는 행위는 고대의 관습이 오늘날까지 이어져 내려온 것이라고 여긴다. 일부 힌두 부족에서는 결혼을 할 때, 실제이든 아니면 그저 연극적 연출이든, 신랑과 신랑의 친구들이 신부를 강제로 납치하는 풍습이 성행하고 있다. 이들이 신부를 납치하면 신부의 친척들과 부족민들은 화살이나 돌을 던진다. 이러한 '가짜' 습격은 대개 추격자들이 (사전에 논의된 대로) 추격을 포기하는 것으로 끝이 난다. 이러한 관습은 아마도 고대 역사에 기록되어 있는 초기의 '신부 납치' 관습을 재현한 것으로 보인다.

이러한 설명은 여성의 지위가 남성과 동일하기보다는 그저 노예나 매한가지였던 원시 시대에나 먹힐 설명이다. 하지만 오늘날 남녀의 관계는 거의 역전되다시피 했고, 남자는 이제 초라한 구혼자이자 여성의 종복이나 다름없어진 듯하다. 물론 드물기는 해도 이따금씩 거절당한 남자가 '신부 납치'라는 형태로 원치 않는 희생자를 억지로 데려가 몸값을 요구한 경우가 있다. 하지만 우리가 아는 한, 신부는 대개 몸값을 치르기 전에 친구들에 의해 구조되었다. 맥레넌에 따르면, 미국 인디언들 사이에도 힌두 부족과 비슷한 형태의 '신부 납치'라는 관습이 성행했다고 한다.

심지어 왕족들조차도 평범한 백성들과 마찬가지로 오래된 관습의 굴레에서 벗어나지는 못한 듯하다. 올바니 공작(Duke of Albany, 1853-1884: 영국의 왕족으로 빅토리아 여왕과 앨버트 공 사이에서 태어난 넷째 아들로, 혈우병 인자가 있어 요절했다-옮긴이 주)과 공작 부인이 윈저 성을 떠날 때, 신랑의 형제들과 루이즈 공주, 비어트리스 공주가 낡은 신발을 한 아름 안고서 잔디밭을 가로지르며 '행복한 신혼부부'에게 신발을 던지기 시작했다. 올바니 공작은 자신의 형제자매들에게 다시 신발을 집어던졌고, 이는 에든버러 공에게 정통으로 날아갔다. 이 모습을 보고 다들 한바탕 웃음을 터뜨렸다.

신랑 신부가 결혼식을 올리고 교회에서 나올 때, 햇살이 비치면 좋은 징조라 여겼다. 동일한 의미로 "화창한 날 결혼한 신부는 행복하다"라는 속담도 있다.

갓 결혼한 신혼부부들은 가능하면 오래된 부부처럼 자연스럽게 보이려고 애를 쓰는 경향이 있다. 이들은 신혼여행을 떠날 때도 평범한 여행객들처럼 보이려고 노력한다. 하지만 얼마 전에 나는 어떤 마차를 본 적이 있었다. 그 마차는 모두의 시선을 끌었고, 마차를 본 사람들은 이내 킥킥대며 웃어댔다. 이유는 간단했다. 마차의 꽁무니에 '신혼부부입니다'라는 커다란 꼬리표와 함께 싸구려 천으로 만든 긴 리본이 요란하게 장식되어 있었던 것이다. 게다가 짐칸에는 낡은 신발 몇 켤레가 대롱대롱 매달려 있었다. 이처럼 요란하게 장식된 마차는 금세 사람들의 이목을 끌었다. 동네 꼬마들은 신이 나서 꺅꺅 소리를 지르며 마차 꽁무니를 졸졸 따라다녔고, 군중들은 한바탕 웃음을 터뜨렸다. 상황을 전혀 파악하지 못하고 있던 신혼부부는 마차에서 내려 마차 꽁무니를 보고서야 얼굴을 붉혔다.

신부에게 풍요의 상징인 쌀을 던지는 행위 역시 매우 오래된 관습이다. 영국에서는 본래 신부에게 쌀 대신 밀을 던지곤 했다. 시인 헤릭(Robert Herrick, 1591-1674: 영국의 목사 겸 시인으로 고전 서정시의 정신을 살렸다는 평가를 받는다-옮긴이 주)은 신부에게 바치는 다음과 같은 시를 쓰기도 했다.

신부에게 쌀이나 밀을 뿌리는 행위는 분명 흥미롭고 의미심장한 관습임에 틀림없다. 하지만 이따금씩 정도를 벗어난 과잉 행위로 신성한 결혼식을 우스꽝스럽게 만들거나 새 신부를 난처하게 만드는 경우가 있다. 한 줌 정도의 낟알을 뿌리는 것만으로 충분하건만, 일부 하객들은 짓궂게도 너무 많은 양의 낟알을 신부에게 들이붓기도 하는데, 이는 마치 세례식 때 갓난아이에게 물을 살짝 뿌리는 대신 한 양동이를 퍼붓는 것만큼이나 부적절한 행위다.

그렇기에 갓 결혼한 부부가 과도한 낟알 세례를 피하고 싶어 하는 것은 지극히 당연했다. 신혼부부가 이를 피해 도망가면 이 무지한 야만인 같은 추적자들은 곧 부부를 뒤쫓기 시작한다. 이들에게 붙잡히면 큰 곤욕을 치러야 한다!

결혼식 날, 웨딩 케이크를 두는 관습은 신랑 신부가 서로 강하게 맺어진다는 의미를 띠고 있다. 오래전부터 빵을 가르는 일은 하나의 빵을 서로 나누어 먹는다는 뜻에서 상징적인 의미를 지녔다. 이러한 관습은 수세기 전부터 존재했다. 처음에는 혼인식 날, 그저 밀이나 보리를 구워 만든 둥그런 빵을 두는 식이었다. 하지만 이제는 그런 허름한 케이크를 두는 일은 상상조차 할 수 없으며, 감히 그런 말을 꺼낼 수

조차 없을 것이다. 그만큼 결혼에서 웨딩 케이크는 신부에게 중요한 의미를 지니기 때문이다.

또 웨딩케이크를 아주 작은 정사각형 모양으로 잘라 결혼반지에 통과시키는 관습도 있다. 결혼반지에 세 번(혹자는 아홉 번이라고도 한다) 통과시킨 케이크 조각을 미혼의 남녀가 베개 밑에 넣고 자면, 꿈속에서 미래의 남편이나 아내를 볼 수 있다고도 한다. 이런 오래된 관습들은 주로 '재미삼아' 종종 행해지곤 한다.

소란 떨기(신혼부부에게 거는 짓궂은 장난으로 냄비, 주전자 등을 시끄럽게 두드리는 행위를 말한다-옮긴이 주) 혹은 엉망진창 세레나데라고 일컫는 관습은 여러 지방, 특히 시골에서 유행하고 있다. 사실상 이런 관습은 "지키기보다는 깨뜨리는 것이 명예롭다"라는 햄릿의 말을 떠올리게 한다.

이 일의 목적은 끔찍하리만큼 소란스러운 밤을 만드는 것이요, 대부분 그 결과는 대단히 성공적이다. 다들 곤히 잠든 꼭두새벽에 갓 결혼한 신혼부부는 느닷없이 창문 아래에서 양철로 된 뿔피리 소리며 냄비 두드리는 소리, 카우벨(타악기의 일종으로 종을 작은북의 채로 쳐서 울리는 악기-옮긴이 주) 소리 등 치가 떨릴 정도의 요란한 악기 소리에 잠을 깰 것이다. 이 끔찍한 소리를 멈추기 위해서 신랑은 곧장 밖으로 달려 나가 이들에게 돈을 주어 달래는데, 바로 그것이 이 괴상한 소란

떨기의 목적이기도 하다. 정말이지 바람직한 구석이라고는 찾아볼
수 없는 해괴한 관습임에 틀림없다.

결혼반지를 왼손에 끼는 이유는 왼손이 심장에 더 가까이 있기 때
문이다.

청교도인들은 결혼식 때 결혼반지를 주는 전통을 없애려고 노력
했다.

버틀러의 「휴디브라스」(Hudibras: Samuel Butler의 풍자시-옮긴이 주)
에는 다음과 같은 대목이 나온다.

"어떤 이는 결혼식에서

반지를 없애버리자고 했지.

불쌍한 신랑들은

형편없기 짝이 없는 결혼식을 올릴 수밖에."

오늘날과 달리 뉴잉글랜드의 초기 사회에서 청교도 여인들은 결혼
반지 없이 혼인했다. 에드워드 윈슬로Edward Winslow는 식민지 행정관
으로부터 식민지의 결혼 관습에 대한 질문을 받자, 식민지에서는 치

안 판사가 결혼식을 주재한다고 답했다. 또 토마스 모턴은 뉴잉글랜드 시민들이 결혼반지를 '천주교의 잔재인 동시에 악마를 찬양하는 끔찍한 원'으로 여긴다고 말했다.

플리머스Plymouth(종교의 자유를 찾아 미국으로 이민 온 청교도들이 처음으로 미국에 발을 디딘 곳으로 매사추세츠 주에 위치하고 있다-옮긴이 주) 최초의 결혼식은 에드워드 윈슬로와 수잔나 화이트 사이의 혼인식이었다. 이들은 결혼을 종교적 계약이라기보다는 사회적 계약으로 보았기에 성직자가 아닌 치안판사가 식을 진행했다. 그로부터 1680년까지 결혼은 치안판사나 특정 지역에서 지명된 사람에 의해 진행되었다.

매사추세츠의 허친슨 주지사는 "초창기에 성직자가 결혼을 주재한 사례는 한번도 없었다"고 말한 바 있다. 미국에서 성직자가 혼인식을 행하지 않게 된 이유는 무엇일까? 식민지의 초기 정착기에는 아마도 결혼식을 주재할 만한 성직자를 찾기란 쉽지 않았을 것이다. 그래서 성직자 대신 마을에서 영향력이 있는 사람이나 치안 판사가 그 일을 맡았고, 이런 관습이 오래도록 이어져 내려 온 것이다.

최초로 사제관에서 결혼식이 거행된 것은 코네티컷의 길포드에서였다. 이때, 실제로 목사가 식을 주재했는지에 대해서는 알려진 바가 없다. 결혼 잔치 음식은 돼지고기와 콩이 다였다. 시간이 지나면서 이전보다 훨씬 더 많은 혼인식이 이곳에서 이루어졌다. 미국 독립혁명 시기와 그 이후에도 더 많은 신부들이 결혼식을 올리기 위해 사제관을 찾아왔고, 심지어 4주 연속으로 방문이 이어지기도 했다.

금으로 된 결혼반지는 다래끼를 없애 준다고 한다.

만일 막내딸이 언니들보다 먼저 결혼하면, 다른 자매들은 동생의 결혼식 날 모두 스타킹을 신고 춤을 추어야 한다. 그렇게 해야 언니들이 결혼할 수 있다고 믿었다.

웨딩드레스를 입을 때, 신부는 다음과 같은 지침에 따라 옷을 입는 것이 좋다고 한다.

"오래된 것과 새로운 것,

빌린 것과, 파란 것,

그리고 신발 속에는 네잎 클로버."

6월의 결혼식은 가장 인기가 있었다. 6월은 장미의 계절이자, 자연이 최고의 아름다움을 뽐내는 시기이기 때문일 것이다.

신부가 집에서 결혼식을 올릴 때나, 혹은 교회에서 집으로 돌아오는 길에 주위 하객들에게 부케를 던지

는 관습은 현재까지도 이어지고 있다. 신부의 부케를 받은 사람이 가장 먼저 결혼하게 될 것이다.

19세기 이전에는 결혼 선물을 주는 관행이 없었다.

오래 전에 사라졌지만, 특이하기도 하고 다소 우스꽝스럽기도 한 결혼 관습이 있어서 잠깐 소개해 본다. '속옷 결혼'이라고도 불리는 이 관습에 따르면, 결혼식 내내 신부는 길이가 짧은 흰 속옷 드레스만 입은 채 서 있어야 한다. 이는 신부가 이 모습 그대로 세상에 왔다는 것을 의미한다. 이러한 과정을 통해 신랑은 신부가 이전에 진 빚에 대한 책임을 공식적으로 면제받게 된다. 목격자가 있거나 혹은 많은 사람들 앞에서 이러한 행위를 한다면, 신부가 갖고 있던 과거의 부채는 모두 면제된다. 놀랍게도 뉴잉글랜드에는 이와 관련된 기록이 몇 건 남아 있으며, 식의 진행 절차는 지역에 따라 조금씩 차이가 있다.

아침 식사 전에 결혼하는 것은 좋지 못한 것으로 여겨진다.

"사순절에 결혼하면

후회하며 살게 되리라."

(사순절은 부활절 40일 전, 재의 수요일에서 시작해 성토요일에 끝난다.

신화와 미신 그 끝없는 이야기

보통 3월 초에서 4월 중순경이다-옮긴이 주)

또 5월은 결혼에 적합하지 못한 달로 여겨진다.

"5월에 결혼하면,

그날을 후회하게 되리라."

손가락에서 약혼반지나 결혼반지를 빼는 것 역시 좋지 못한 징조이다.[17] 또 반지를 잃어버리거나, 반지를 손가락에 낀 상태에서 반지가 부러지는 것도 불행을 암시한다.

신랑 신부가 결혼하러 가는 길에 장례 행렬과 마주치는 것 역시 좋지 못한 징조이다.

결혼식이 진행될 때, 교회의 시계종이 치는 것도 불행의 징조이다. 이는 올해가 가기 전에 신랑 또는 신부 측의 누군가가 죽게 된다는 것을 암시한다.

The Myths and
Fables of To-Day

PART 9
사악한 징조

“겨울날 난롯가에서 여인들의 이야기 속에서나
나옴직한 일이에요.”
(셰익스피어의 〈맥베스〉 3막 4장에 나오는 말-옮긴이 주)

이번 장에서는 많은 사람들이 불길한 것으로 여기며 피하는 것들에 대해 다뤄 보겠다. 우리는 흔히 불길한 징조와 마주하면 “재수가 없군!”이라며 짜증 섞인 절규를 내뱉곤 한다. 예컨대 소금을 쏟거나, 핀의 뾰족한 부분이 자신을 향하도록 한 상태로 줍거나, 아니면 칼이나 포크, 칼 등 날카로운 도구를 건넬 때 뾰족한 부분이 자신을 향할 경우가 그렇다. 이런 일들은 예나 지금이나 여전히 불길한 징조로 여겨진다.

두꺼비를 죽여서는 안 된다고 하는 이도 있다.

메뚜기도 마찬가지다. 그 이유는 아마도 아테네인들이 이 탐욕스러 운 곤충을 아테네를 상징하는 동물로 섬겼기 때문일 것이다. 하지만 오늘날 서부의 일부 주에서는 불법인데도 돈을 주고서라도 메뚜기를 박멸하려고 싶어 한다. 거미를 죽이는 것도 불길한 징조이다. 물론 하 녀들은 시시각각 빗자루로 거미와의 전쟁을 치르는 것이 현실이긴 하지만 말이다. 반면, 봄에 처음으로 본 뱀은 반드시 죽여야 한다고 전해진다. 그렇지 않으면 그해 불운이 닥친다고 믿기 때문이다. 하지 만 파충류는 아무리 큰 상처를 입어도 일몰 전까지, 혹은 그날이 지나 기 전까지는 숨이 끊어지지 않는다는 것이 통설이다. 이를 뒷받침하 는 말이 있다.

공작의 깃털은 불길한 것으로 여겨진다. 오래 전부터 공 작의 번드르르하고 화려한 깃털의 색은 죄악과 관련이 있다고 믿었 다. 그런데도 커다랗고 도도함이 넘치는 화려한 공작의 깃털은 최근

몇 년 동안 벽난로의 선반 장식으로 제법 높은 인기를 누리고 있다. 악의 징조 따위는 전혀 개의치 않는다는 듯이 말이다.

아침 식사 전에 결혼식을 올리는 것 역시 불길한 것으로 여겨진다. 하지만 굳이 아침에 결혼하는 것이 불길할 이유는 없는 듯하다. 결혼 자체가 불운한 것이니 말이다. 비록 결혼한 부부가 모두 이 말에 동의하지는 않겠지만.

5월은 결혼하기에 좋지 못한 달이다. 그래서 이런 말도 있다.

"사순절에 결혼하면

평생 후회하며 살게 될 것이다."

로버트 버턴(Robert Burton, 1577-1640: 영국의 학자이자 저술가-옮긴이 주)는 "결혼과 죽음은 운명을 같이하는 것이며, 짝은 하늘이 맺어 주는 것이다"라고 했다.

꿈자리가 나쁘면 운이 나쁜 하루가 될 것이다. 흔히 기분이 좋지 않아 보이는 사람에게 "오늘 아침 꿈자리가 나빴나 보군요"라고 말하곤 하는데, 이 말은 이제 거의 관용구로 자리 잡았다.

바지를 입을 때 왼발을 먼저 넣으면 운이 나쁠 것이다. 내가 아는 사람 중 이 말을 금과옥조처럼 따르는 사람도 있다. 또 오른발을 왼쪽 신발에 넣거나, 왼발을 오른쪽 신발에 넣어도 운이 나쁠 징조이다. 이들은 모두 오른쪽 발을 최우선으로 여기는 미신에서 나온 것이다.

유쾌한 풍자가인 사무엘 버틀러는 이렇게 적고 있다.

"아우구스투스(Augustus: B.C. 63-A.D 14: 고대 로마의 초대 황제-옮긴이 주)는

실수로 그만 오른발을 왼쪽 신발에 넣었네.

바로 그날 그는 성난 군인들에게

살해당할 뻔 했다네."

안식일에 손톱을 깎는 것은 불길한 징조이다. 이에 따른 규율도 있다. 중국인들도 특정 징조가 있을 때는 손톱을 깎지 않았다.

잠자리가 얼굴 쪽으로 날아들면 두 눈이 꿰매어진다는 말이 있다. 이는 시골 소녀들에게 전해져 오는 이야기다.

일부 지역에서는 두 사람이 함께 걸어가던 중, 기둥이나 나무 혹은 다른 사람 때문에 떨어져 걷게 되면 불운한 결과가 올 거라고 믿었다.

"서로 나란히 걸어가다가 떨어진다면, 이렇게 중얼거려라.

'빵과 버터, 빵과 버터.'"

해적 로우(Edward Low, 1690-1724: 영국의 악명 높은 해적-옮긴이 주)는 안식일에 선원들을 쉬게 했는데, 안식일에 일을 시키면 횡액이 닥

신화와 미신 그 끝없는 이야기

칠까 두려워서였다. 대신, 십계명의 다른 조항에 대해서는 전혀 개의 치 않았다.

심부름이나 여행을 떠난 후에는 설령 중요한 것을 잊고 왔다 하더 라도 되돌아가서는 안 된다. 그리하면 불행한 일이 생길 것이라 여겼 기 때문이다. 그러니 건망증이 있는 사람은 필요한 것을 두고 오지 않 도록 각별히 주의해야 할 것이다. 이러한 믿음은 뒤를 돌아보았다가 소금 기둥이 된 롯의 아내의 불운한 운명에 그 기원을 두고 있다.

찻잔 세트를 깨뜨리는 것은 예나 지금이나 좋지 않 은 징조이다. 머지않아 두 번째와 세 번째 찻잔 세트도 깨어질 것 이기 때문이다. 이러한 생각은 숫자 3을 중시하는 믿음에서 기인한 다. 뉴잉글랜드에서는 월요일에 뭔가를 깨뜨리면, 한 주 내내 불운이 따를 것이라는 속설이 있다.

계단에서 넘어지는 것 역시 불운을 불러온다. 〈로미오와 줄리엣〉에 서 로렌스 수사도 이렇게 말하지 않았던가.

"서두르면 넘어지는 법이라네."

하나의 대야나 물에서 두 사람이 동시에 손을 씻을 때 물에 성호를 그리지 않으면, 둘 사이에 싸움이 일어날 것이다.

고인이 선물로 준 반지나 약혼반지, 혹은 결혼반지를 손에서 빼면 불행이 닥칠 것이다.

불과 몇 년 전까지만 해도 '후두hoodoo('불운', 혹은 불운한 사람이나 물건을 일컫는 말-옮긴이 주)'는 미국 북부에서 지극히 생소한 단어였지만, 현재는 많은 사람들의 입에 오르내리는 흔한 일상어가 되었다.

이 용어는 야구 경기 시즌 동안 신문 기사에서 남발되는 단어이기도 한데, 주로 그날 경기의 패인으로 지목된 특정 선수의 '불운'을 언급할 때 쓰인다. 또 '후두'는 경기 중에 볼 수 있는 추하거나 불쾌한 것들을 지칭하기도 한다. 예컨대 추한 노파나 외다리 남자, 다리를 절룩이는 말, 혹은 장님 등이 그렇다. 대부분의 선수들은 '후두'가 경기에 엄청난 영향을 미친다고 믿는다. 이 용어는 야구 경기뿐만 아니라, 업계에서도 '악운' 혹은 '악운의 원인'과 동의어로 널리 받아들여지고 있다. 설령 오늘날 사람들이 요술을 믿지는 않는다 하더라도, 이러한 행위는 분명 200년 전에 요술로 행해지던 것과 매우 흡사하다는 사실은 부정하기 힘들다.

불쾌하지만, 어느새 널리 퍼진 이 '후두'라는 용어는 사실 '부두boo-doo'가 남부의 무지한 흑인들에 의해 와전된 말이다. 부두는 아프리카에서 행해지던 단순한 형태의 흑마술로 알려져 있다. 부두가 흑마술이라기보다는 그저 종교 의식이라고 말하는 이도 있다. 어쨌든 부두는 신비주의적 종파의 하나이며, 부두교의 사제는 야만적 제식을 올리며 사악한 신비 의식을 행한다.

루이지애나에서 막 부두교에 입문한 한 백인 여성은 수도 기간 동안 이상한 주문을 외워야만 했다. 거기서 끝이 아니라, 소의 뼈와 해골, 두꺼비의 발과 거미 등을 늘어 놓아 만든 마법의 원 안에서 속옷 차림으로 춤을 추기도 했다. 원 주위에는 장뇌(녹나무에서 얻어진 기름-옮긴이 주)와 석유가 뿌려진다. 의식에 참여하는 사람들은 톰톰(손으로 두드리는 좁고 아래위로 기다란 북-옮긴이 주)과 그 밖의 조악한 악기들의 연주에 맞춰 지쳐 쓰러질 때까지 미친 듯이 춤을 추었다.

주로 무지한 흑인들이 추는 부두교의 춤은 서부 인디언들 사이에서 행해지던 고스트 댄스ghost dance(아메리칸 인디언들이 죽은 사람의 혼과 통하기 위하여 추는 종교적 춤-옮긴이 주)와 일맥상통한 면이 있는데, 둘 다 극도의 광란 상태를 불러오며 갑작스러운 행동과 감정의 폭발을 일으킨다는 점이다. 실제 몇 년 전, 광란의 상태로 끔찍한 결과가 생기기도 했다.

대부분의 스포츠 사고 클럽은 후두 미신을 열광적으로 믿는 것으로 악명이 높다.

얼마 전에 신문에 실린 기사에 따르면 유명한 부호의 아내가 호화 요트에 승선하는 것을 거부했는데, 그 이유는 그 요트의 한 승무원이 배의 승강구에서 떨어져 심하게 다치는 사고가 발생했기 때문이다. 말하자면 그 사고 덕분에 요트는 '재수 옴 붙은hoodooed' 셈이다.

하지만 '후두'의 힘은 인간에게만 국한된 것은 아닌 것 같다. 꽤나 평판 있는 어느 신문의 사설에 따르면 "메인 주의 비더퍼드에 있는 어떤 풀밭은 '재수 옴 붙은 터hoodoo lawn'로 알려져 있는데, 그 이유는 그곳의 잔디를 깎은 후에, 풀이 채 자라기도 전에 비가 내렸기 때문이라는 것이다. 기사에 따르면 그런 일은 25년 연속으로 발생했다고 한다."

'후두'의 주술에서 벗어나기 위해서는 나쁜 힘이 효력을 발휘하지 못하게 하거나, 독성에 대한 해독제 역할을 하는 마스코트가 반드시 필요했다. 그 결과, 대부분의 구기 종목 선수들은 마스코트를 하나씩 지니고 다녔는데, 마스코트로는 염소나 개, 혹은 검은 양이 주로 쓰였다. 사람들은 경기가 시작되기 전에 이런 동물들을 끌고 나와 사뭇 진지한 태도로 경기장을 세 번 돌곤 했다.

서로 다른 종류의 마스코트가 충돌을 빚은 경우에 대해서는 잘 알려진 바가 없다. 다만, '징조'에 대한 키케로(Cicero 106-43 B.C. 로마의 웅변가, 정치가, 철학자-옮긴이 주)의 글에 묘사된 바와 크게 다르지는 않았을 것이다. 그의 글에 따르면, 카토(Cato, B.C. 234-149: 옛 로마의 장군이자 정치가-옮긴이 주)는 어느 날 친구를 만났는데 그 친구는 몹시 심란해 하고 있었다. 카토가 무슨 일이냐고 묻자 친구는 이렇게 대답한다.

신화와 미신 그 끝없는 이야기

"여보게! 두려워 미칠 지경일세. 오늘 아침에 눈을 떴을 때 쥐가 내 신발을 갉고 있는 걸 봤지 뭔가."

"그랬군."

카토는 친구를 안심시키며 말했다.

"진정하게나. 신발이 쥐를 갉아먹었다면 그거야말로 진짜 끔찍했을 테니 말일세."

선원들은 마스코트의 효험에 각별히 집착했기 때문에, 군함은 주로 염소나 그 밖의 여러 동물들을 싣고 항해를 떠났다. 해군들이 퍼레이드를 할 때도 염소가 행렬에 끼어 박수갈채를 받기도 한다. 또 선원들은 아끼는 총에 좋아하는 권투 선수의 이름을 붙이기도 한다. 심지어 넬슨 제독조차도 배의 돛대 꼭대기에 편자를 달아 놓았고, 심지어 내가 다닌 대학의 풋볼 팀 선수들도 각자의 마스코트를 경기장에 데려오곤 했다.

마스코트에 대한 선원들의 확고한 믿음을 확인할 수 있는 사례는 스페인과 미국의 해전에서도 여지없이 발견할 수 있다. 1898년 스페인의 세르베라 제독의 함선이 쿠바의 산티아고 데 쿠바(쿠바 동남부에 있는 항구 도시-옮긴이 주)에서 샘슨 제독이 이끄는 미국 함선에 의해 격침당했다. 격침된 스페인 배 중에는 콜론Colon이라는 배가 있었다. 전투가 끝나고 26일이 지난 후, 메리트-채프먼 구난 회사의 예인

선인 라이트 암Right Arm 호가 배를 인양할 목적으로 콜론 호에 도착했
다. 이 배에 살아 있는 생명체는 오직 검은색과 흰색이 섞인 고양이
한 마리뿐이었다. 거의 한 달 동안 그 고양이는 난파선의 유일한 선원
이자 선장이었던 셈이다.

라이트 암 호의 선원은 그 고양이에게 '토마스 세르베라'라는 이름
을 붙인 후에 마스코트로 삼았다. 하지만 그 고양이는 악운을 몰고 왔
다. 그것은 홉슨 중위가 마리아 테레지아 호에 그 고양이를 싣고 미
국으로 향했을 때였다. 마리아 테레지아 호는 바하마 제도에 좌초되
는 탓에 미국에 도착하지 못했다. 배가 좌초되자, 고양이는 원주민들
의 손에 넘어갔다. 하지만 또다시 구출되었고, 이번에는 미국의 정비
선인 불칸 호에 승선하여 마침내 미국에 도착했다. 흔히 고양이는 목
숨이 아홉 개 달렸다고 한다. 토마스 세르베라는 고양이의 명성에 걸
맞게 여러 번 목숨을 건지긴 했지만, 온갖 고초와 위험 속에서 그리
오래 살아남지는 못했다. 결국 그 고양이는 이 모든 여정을 거친 후에
명을 다하고 말았다.

선원들은 특정한 배가 운이 좋은지, 그렇지 못한지에 대해 매우 중
요하게 여긴다. 배의 '운'은 배가 건조를 마치는 그 순간부터 시작된
다. 만일 배가 운 나쁘게 진수식 날 멈춰 서 버린다면 틀림없이 나쁜
평판이 따라 붙을 것이요, 그 배에 타는 선원들은 배의 능력을 의심할
것이다. 배에 포도주를 쏟아 부으며 배의 명명식을 하는 관습 역시 신

들의 가호를 비는 이교도의 미신과 궤를 같이한다.

열세 명이 한 식탁에 앉는 것은 불길하다는 미신 역시 오래도록 남아 있는 미신 중 하나이다. 이는 추정컨대 예수 그리스도의 최후의 만찬에 열세 명이 참석했고, 만찬이 끝난 후 얼마 지나지 않아 예수 그리스도가 십자가에 못 박혔다는 데서 그 기원을 두고 있을 것이다.

런던에서는 일부 문인들과 저명인사 13명이 함께 식사를 하면 그 중 한 사람은 열두 달이 지나기 전에 죽을 것이라는 어리석은 미신을 깨뜨리기 위해, 13인 클럽을 조직하기도 했다. 이 클럽이 내건 표어는 '인간은 모두 죽는다, 그러므로 인간은 모두 저녁 식사를 해야 한다'였다. 비록 이 클럽의 조직 과정은 나름대로 창의적이고 상식적이었는지는 몰라도, 과연 이 클럽이 존재의 목적을 달성했는지에 대해서는 의구심을 품지 않을 수 없다. 이 클럽에서 행해진 터무니없는 언행들은 사람들의 비웃음을 사기에 충분했기 때문이다. 이 클럽에서 이뤄지던 행동을 소개해 보자면 이러하다.

"13인 클럽의 저녁 식사 모임에는 13개의 테이블이 준비되었고, 테이블마다 13명씩 그룹을 지어 앉도록 되어 있었다. 메뉴는 이젤 위에 놓인 금이 간 거울 위에 적혀 있었다. 사팔뜨기 종업원 두 명이 행

사를 진행하는데, 이들은 푸른 색 넥타이를 매고 윗저고리의 장식버
튼에는 작은 해골을 꽂고 있었다. 손님들은 사다리 아래를 통과하여
식당으로 들어갔다. 13개의 식탁 위에는 두개골 모형이 놓여 있었고,
그 위에 자그마한 램프가 테이블을 밝히고 있었다. 테이블 위에 놓인
양초에는 13개의 해골이 주렁주렁 매달려 있었고, 칼은 십자가 형태
로 놓여 있었다. 관 모양의 소금통이 놓여 있었으며, 자그마한 비석에
는 '런던의 13인 클럽 회원들에게 살해당한 무수한 몰상식한 미신들
을 추모하며. 1894년'이라고 적혀 있었다. 그리고 소금 스푼은 묘지
의 삽 모양으로 만들어져 있었다. 저녁 식사가 시작되자, 의장은 일
행에게 일제히 소금을 쏟으라고 말했다. 그런 후에 함께 안경을 깨뜨
리자고 했다. 이 모든 행위가 끝난 후, 의장은 각 테이블에 앉은 회장
들에게 아무 답례품도 받지 않고 칼을 한 자루씩 선물했다(칼을 선물
로 준 후 보답으로 작은 선물을 받지 않으면 불길한 것으로 여겨진다-옮긴
이 주). 고급 연주회에 어울릴 법한 격식 있는 차림을 한 장의사가 '주
문을 받으라(장의사에게 주문을 받는 것은 죽음을 암시한다-옮긴이 주)'고
말하고는 재빨리 방 밖으로 나갔다."

　　이처럼 믿을 수 없을 정도로 황당무계한 행위들은, 흔히 나쁜 징조
라고 여겨지는 미신들에 호기롭게 대항하기 위해 이루어졌다. 하지
만 이들이 간과한 것이 있는데, 유명한 미신들은 그런 방식으로 '비웃

음' 당할 수 있는 것도 아니요, 그런 식으로 비웃는다고 해서 쉽게 사라지지도 않는다는 것이다. 또한 미신을 과학적으로 증명해 보겠다는 시도 역시 백해무익할 뿐이다. 예컨대 13명씩 짝을 이루어 식사를 한 사람들 중, 일부는 열두 달 내에 죽을 확률이 분명 존재한다. 그러므로 미신을 깨뜨리겠다며 더 많은 사람들이 13인 클럽에 찾아와 13명씩 짝을 지어 식사를 한다면, 그들 중 누군가가 열두 달 내에 죽을 확률은 더 높아질 테니 말이다.[18]

어느 신문 기사에 따르면, 뉴욕에 있는 호텔 중 다수는 13호실이 없다고 한다. 간혹 13호실이 있는 호텔이나 건물이 있다 할지라도, 그 방이 대여될 확률은 매우 낮다. 대규모 호텔들은 1호실부터 13호실까지는 숫자 대신 문자를 쓴 후(숫자 13이 아니라 thirteen을 쓴다는 의미-옮긴이 주), 부를 때는 '객실parlors'이라고 칭했다. 혹은 인기가 없는 숫자는 간단히 뛰어넘기도 했다. 말하자면 열세 번째 방을 '14호실'이라고 부르는 식이다. 어떤 남자는 숫자 13에 얽힌 미신을 두려워하지 않는다며 의기양양하게 시내 한 건물의 13호실을 빌렸지만, 그와 거래하기 위해 사무실에 찾아오는 사람이 하나도 없었다고 한다. 또 거대한 증기 여객선인 오셔닉 호에는 아예 13호실이나 13번 테이블이 존재하지 않는다고 한다.

미국 상원에 재선하기를 바라는 어느 후보에게 아주 치명적인 상황이 발생한 적이 있었다. 당선에 필요한 표수보다 고작 13표가 모자

랐던 것이다! 또 펜실베이니아 주의 어느 야구팀과 관련하여, "우리 팀이 비가 오는 날, 13번 선로에서 출발하는 기차를 탔기 때문에 미신을 믿는 팬들은 나쁜 징조라며 우울해 하고 있다"라는 발표가 나오기도 했다. 또 어느 고등학교에는 본래 13명이 있었는데 졸업할 때는 고작 6명만 남게 되었다. 이에 대해 사람들은 13이 불운한 숫자였기 때문에 이런 결과를 초래했다고 진지하게 말하곤 했다.

하지만 13이라는 수가 늘 불길한 수였던 것만은 아니다. 예컨대 미국은 최초에 13개의 식민지로 시작했고, 이는 그리 불길한 출발은 아니었던 것으로 밝혀졌다.

배우와 여배우에 대한 미신과 관련하여, 다음과 같은 일화가 있다. 유명인이었던 레이첼 부인은 1857년 이집트에서 돌아온 후 아젠느 우세(Arsène Houssaye, 1815-1896: 프랑스 시인이자 작가-옮긴이 주)에게 다음과 같은 말을 했다고 한다.

"우리가 빅토르 위고(Victor Hugo, 1802-1885: 프랑스의 시인, 소설가, 극작가. 낭만주의 문학가로 대표작은 『레미제라블』, 『노트르담 드 파리』 등이 있다-옮긴이 주)의 집에서 함께 저녁 식사를 했던 걸 기억하시나요? 그때 모두 13명이 있었지요. 빅토르 위고와 그의 아내, 그리고 당신과 당신 부인, 레베카와 나, 지라딘과 그의 아내, 그리고 제라르 드

네르발(Gerard de Nerval, 1808-1855: 프랑스의 시인이자 소설가-옮긴이 주), 프라디에Pradier, 알프레드 드 뮈세(Alfred de Musset, 1810-1857: 프랑스의 시인이자 극작가-옮긴이 주), 피에르, 오르세 백작 이렇게 모두 13명이었죠. 하지만 지금 그들이 어떻게 된 줄 아세요? 빅토르 위고와 그의 아내, 그리고 당신 아내와 지라딘 부인은 고인이 되었지요. 내 여동생 레베카도 죽었고, 드 네르발과 프라디에, 알프레드 드 뮈세, 오르세 백작도 죽었어요. 남은 건 지라딘과 당신뿐이에요. 그렇게 많이들 떠났지요……. 이제 13의 저주를 비웃지 마세요.”

여전히 많은 이들은 사악한 전조를 믿는다. 저녁 식사 파티에 13명이 초대되었을 때, 손님 중 두 명은 ‘13명의 저주’를 피하기 위해, 따로 작은 테이블을 마련하여 그곳에 앉도록 한다. 혹은 이 끔찍한 저주에서 벗어나기 위해 급하게 친구 한 명을 더 부르기도 한다.

신문은 미신적인 기사를 실어서는 안 되며, 미신을 마구잡이로 퍼뜨리는 일을 삼가야 마땅하다. 하지만 〈보스턴 데일리〉 지는 특정 사람들만 관심을 보일 뿐, 영양가라고는 조금도 없는 다음과 같은 기사를 실었다. 그 기사는 이러하다.

보스턴의 후삭 터널 & 웨스턴 레일로드 소유의 13162호 기차에서

불과 3주 동안 3명이 사망했다. 철도 승무원들은 그 기차의 숫자가 불길하다고 여기며 두려워했다.

실제로 치명적인 사고를 당한 기차의 번호가 변경되는 경우가 종종 있는데, 이는 철도 승무원들이 사고를 당한 차량의 번호가 불길하다고 여기기 때문이다.

사다리 아래를 지나가는 것은 불길하다고 여겨진다.

이는 어느 정도 근거가 있는 말인데, 실제로 사다리 아래를 지나가는 것은 분명 위험 요소가 있기 때문이다. 또 어쩌다 손발이 사다리에 닿아서 사다리가 무너질 수도 있다. 반면, 불운의 징조로 전혀 이해할 수 없는 것들도 있는데, 예컨대 사팔뜨기 여인을 보면 운이 나쁘다는 것이 그렇다.

사람들은 예로부터 새를 불운의 상징으로 여겼다. 아마도 돈이나 재물은 날개달린 듯 순식간에 사라지기 쉽다는 사실 때문일 것이다. 올빼미 울음소리, 까마귀가 깍깍대는 소리, 쏙독새의 울음소리를 듣거나, 혹은 그저 까치 한 마리를 보는 것만으로도 사람들은 이를 불길하고 사악한 징조라 여겼다.

포Poe는 까마귀를 주제로 유명한 시를 쓰기도 했다. 또한 백조는 죽기 전에 죽음의 노래를 부른다고 사람들은 믿었다. 만일 이것이 사실이라면 새의 장식품이 달린 반지나 깃털 모양의 물건을 여성에게 선물하는 것은 다소 부적합한 것일지도 모른다. 하지만 이런 미신들은 유행이라는 거대한 힘 앞에서는 아무런 힘을 쓰지 못한 것 같다. 덕분에 온갖 새의 깃털들이 여성들의 모자 장식을 꾸미는 데 거리낌 없이 쓰이고 있다.

그렇지만 까치와 관련된 기이한 미신이 있는데, 이 미신은 로버츠 경(John Roberts, 1606-1685: 영국의 시인-옮긴이 주)이 쓴 『인도에서 보낸 41년Forty-one Years in India』에 수록되어 있다. 그가 쓴 문장을 그대로 옮기자면 이러하다.

"7월 15일에 카바냐리 소령은 외교 사절로 파견되어, 카불의 대공에 대해 전권을 행사하는 권한을 갖고 쿠람에 도착했다. 나를 비롯하여 50여 명의 장교들은 카바냐리 소령을 만나는 것을 학수고대했으며, 동시에 쿠람 너머의 나라를 보고 싶어 했다. 우리는 카바냐리 소령과 함께 슈타르가르단 샛길을 5마일 정도 행군하다가 야영지를 차렸다. 나와 부하들은 그날 밤, 사절단에게 식사를 대접했다. 저녁 식사 후 나는 카바냐리 소령과 그의 사절단에게 축배를 들었다. 하지만 나는 어쩐지 마음이 불편했다. 카바냐리 일행의 운명에 대한 암울한 예감이 끝없이 나를 짓눌렀다. 하지만 감히 그 말을 입 밖에 내뱉지 못한 채 묵묵히 있을 수밖에 없었다."

"다음 날 아침, 대공이 파견한 군 사령관이 임무를 수행하기 위해 캠프로 찾아왔다. 얼마 후, 우리는 모두 예의 샛길을 따라 오르기 시작했다. 길을 따라 오르는 동안 우리는 까치 한 마리와 마주쳤다. 만일 카바냐리 소령이 내게 그 사실을 알려 주지 않았다면 나는 까치를 보지 못했을 것이다. 소령은 까치를 본 사실을 부디 아내에게 말하지 말아 달라고 내게 간청했다. 그의 아내는 필시 그것이 나쁜 징조라고 여길 것이 틀림없었기 때문이다."

"아프간의 캠프를 향해 내려가는 길에 우리는 저녁 식사에 초대되었다. 저녁 식사는 바닥에 넓게 펼쳐진 카펫 위에 차려졌다. 모든 것이 화려했고 우아한 만찬이었지만, 그런데도 나는 그 사절단의 앞날이 어쩐지 불행할 것만 같았다. 그와 헤어질 때, 내 마음은 여전히 무겁기만 했다. 우리는 각자 가야 할 방향으로 몇 걸음인가 걷다가 약속이라도 한 듯 동시에 뒤를 돌아보았다. 눈이 마주친 우리 두 사람은 갔던 길을 되돌아와, 다시 한 번 뜨겁게 악수를 나누었고 다시 이별했다. 그리고 그것이 그와의 마지막 만남이었다."

이야기는 다음 장으로 이어진다.

"9월 5일 새벽 한 시에서 두 시 사이에 아내가 전보를 들고 찾아온 사람이 있다며 나를 깨웠다. 전보를 받아든 순간 나는 가장 우려했던 일이 그대로 일어났다는 사실을 깨달았다."

카바냐리와 그의 일행은 아프가니스탄 사람들에게 학살당했던 것이다.

남자 친구에게 절대 주면 안 되는 것들이 있는데, 예컨대 신발이 그렇다(단, 젊고 미혼인 성직자는 예외이다). 신발을 주는 것은 선물을 받은 사람이 멀리 떠난다는 의미를 담고 있기 때문이다.

뉴잉글랜드 일부 지역의 사람들은 여전히 생명보험을 들거나 유언장을 작성하는 일은 불길하다고 믿고 있다. 이들은 보험을 들거나 유언장을 작성하면 부정이 타서 되레 일찍 죽을 것이라 믿는다. 이러한 감정은 죽음과 관련된 것이라면 무조건 회피하고자 하는 어리석은 두려움일 뿐이다. 이들은 그저 죽음에 대한 주제라면 회피하고 싶은 나머지, 죽은 사람에 대한 이야기를 입에 올리기조차 꺼려한다. 설령 죽은 사람이 가족이나 친척이라 할지라도 말이다. 이는 죽은 이에 대한 언급을 피하는 인디언들의 믿음과 유사하다.

마찬가지로 소금을 쏟는 행위 역시 불운을 암시하는 징조이다. 이 미신은 매우 대중적인 동시에, 사람들의 마음속에 단단히 뿌리박힌 미신 중 하나이다. 이러한 믿음은 오늘날 아시아 전역에서뿐만 아니라, 일부 아프리카 지역, 그리고 유럽과 아메리카 대륙까지 널리 퍼져 있다. 누군가 식탁에서 실수로 소금을 엎지르기라도 하면, 순식간에 사람들의 시선을 한눈에 받게 될 것이다.

과거에는 소금을 엎질렀을 때 소금을 살짝 집어 왼쪽 어깨 뒤로 세 번 던지면 불운을 피할 수 있다고 여겨졌지만, 유감스럽게도 오늘날 상류 사회에서 그런 행위는 더 이상 받아들여지지 않는다. 누군가가 소금을 엎지른 순간, 식탁에 앉아 있던 사람들은 저도 모르게 마음속으로 불길한 징조를 떠올릴 테고, 모임의 주관자는 애써 그 사실을 웃어넘기며 분위기를 풀어보려고 애써 보지만 싸늘한 분위기는 쉽게 사라지지 않을 것이다.

숫자 3은 좋은 일이든 나쁜 일이든 상관없이 그 자체에 어떤 마력이 있다고 여겨진다. 예컨대 소방관과 철도원은 일단 불이나 사고 등이 한 번 발생하면, 필연적으로 두 건의 불이나 사고가 잇따라 발생할 것이라고 믿는 경향이 있다. 지금 내 앞에 놓여 있는 보스턴 지의 머리기사에는 "으레 그러하듯 세 건의 화재 발생"이라고 적혀 있다. 그리고 "또다시 세 건의 화재라니 이 얼마나 미신적인가!"라는 다소 가증스러운 문장이 이어진다.

철도 사고에 관한 미신은 그저 철도원이나 철도 회사 직원들에게

만 해당되는 이야기는 아니다. 과거에 철로를 관리해 본 경험이 있는 고위 공직자들 역시 다소간이나마 그런 믿음을 지니고 있다. 자신이 관리하던 철로에서 끔찍한 사고가 있고 나서 얼마 후 한 공직자는 내게 "이번 한 번의 사고가 두려운 것이 아니라, 앞으로 닥칠 사고가 더 두렵다네"라고 말한 적이 있다. 또 어떤 차장은 철로에서 끔찍한 사고가 일어나자 곧바로 휴가를 요청하기도 했다.

역사적으로 매우 중요한 사건들이 주기적으로 특정 요일에 발생했는데도, 다른 요일에 비해 금요일은 유독 불길한 요일로 기억된다. 그래서 금요일은 불길한 상징으로 온갖 공격을 한 몸에 받고 있다. 이러한 믿음은 아마도 쉽게 사그라지지 않을 것이다. 금요일이 불길하다는 믿음은 너무나 역사가 깊고 널리 전해져 온데다, 그 믿음의 정도定度 역시 매우 강력하다. 특히 선원들은 금요일이 불길하다는 사실을 거의 진리인 양 받아들인다. 이러한 믿음은 예수 그리스도가 '교수형의 날'로 낙인찍힌 금요일에 십자가에 못 박혔다는 사실을 바탕으로 점차 확대되었을 것이다. 그리하여 사람들은 지금도 예전과 마찬가지로 금요일을 범죄자의 사형일로 지정해 두고 있다.

일부 종교인들은 금요일에 단식을 하거나 육식을 금하도록 한다. 이러한 행위 역시 금요일에 대한 혐오에 기인한다고 보아도 무방할 것이다.

한 오래된 일기는 다음과 같은 문장으로 시작한다.

"사람들의 충고를 무시하고 금요일에 포틀랜드를 출발한 배는 조난을 당했고, 배에 타고 있던 스물일곱 명이 사망했다."

이 사건이 당대, 혹은 후대 사람들의 마음속에 어떤 인상을 깊이 새겼을지 상상하기란 그리 어렵지 않다.

설령 어느 대담한 선장이 금요일은 불길하다는 믿음에 코웃음 치며 호기롭게 금요일에 출항하려고 해도, 선원들은 무슨 일이 있어도 그날만은 안 된다며 맹렬히 저항할 것이다. 또 절대 금요일에는 새로운 일을 시작하면 안 된다고 믿는 사람도 있고, 심지어 금요일에는 손톱을 깎아서도 안 된다며 훈수를 두는 이도 있을 것이다. 게다가 금요일 전까지 거래를 마무리 짓지 못한 사람은 손가락질을 받게 될 것이다. 그리고 철도 회사에서는 금요일에 운행 노선이 가장 적다는 사실을 기꺼이 확인해줄 것이다. 이 모든 일들은 금요일이 불길하다는 확고한 믿음에서 비롯되었다. 사람들은 여섯 번째 요일에 지울 수 없는 뚜렷한 낙인을 찍어 놓은 셈이다.

낮은 계급의 사람들만 이러한 믿음을 가진 것은 아니었다. 매우 지적인 사람들조차도 이러한 믿음에 집착한 경우를 여럿 볼 수 있는데,

신화와 미신 그 끝없는 이야기

그중 바이런 경(Lord George Gordon, 1788-1824: 영국의 낭만파 시인-옮긴이 주)의 사례를 들 수 있다. 바이런 경은 과거에 그날이 금요일이라는 이유만으로 여성의 인사를 받는 것을 거절했다고 한다. 또 그는 금요일에는 결코 누구도 방문하지 않았다.

"유리를 통해 달을 보면,

곤경에 처할 것이다."

경고의 의미를 지닌 이 짤막한 시는 뉴잉글랜드 지역에서 지금도 여전히 종종 들을 수 있다. 심지어 미신에 회의적인 사람들조차도 유리창을 통해 달을 보지 않으려고 주의하는 경향이 있다. 이러한 믿음을 보여주는 예시가 될 만한 사건이 있는데, 그 사건은 몇 년 전, 어떤 명망 있는 신사가 파티에서 직접 겪었던 일이다. 그가 했던 말을 옮기자면 이러하다.

"저녁 늦게 사람들과 대화를 나누고 있는데, 마부 한 사람이 다소 급한 걸음으로 응접실로 들어오더니 여주인이 앉아 있는 의자 뒤로 가서 귓속말을 하더군요. 마부의 말을 듣자마자 부인은 곧바로 눈을 감고 마부에게 손을 내밀었고, 부인은 즉시 마부의 손에 이끌려 응접실을 나갔습니다. 그 장면을 본 손님들은 이유를 알 수 없어서 꽤나 놀랐지요. 하지만 얼마 지나지 않아 부인은 다시 응접실로 돌아와서 의자에 앉았습니다."

"부인이 돌아오자 응접실 안은 다소 어색한 침묵이 감돌았지요. 부인은 자신의 기묘한 행동에 대해 손님들에게 설명해야겠다고 느끼고 입을 열었습니다. 그녀가 말하길 추수감사절 보름달이 막 떠올랐을 때, 자신에게 맨 처음으로 그 사실을 알려주는 하인에게 왕관을 씌워주는 관습이 있다고 하더군요. 마부가 달이 떴다는 사실을 전하자마자 부인이 눈을 감고 마부의 손에 이끌려 방을 나간 이유는, 유리창을 통해 보름달을 보면 불운이 닥칠 것을 염려해서 그랬다더군요. 사실 그 부인은 대단히 교양 있고 모든 면에서 매우 명민하신 분인데도, 유리창을 통해 달을 보면 불행이 닥칠 것이라 믿고, 이를 두려워하신 거지요."

하지만 온화하고 아름다운 밤의 여왕인 달이 사람들에게 악의적인 영향력을 행사한다는 믿음은 다소 의아한 일이 아닐 수 없다. 〈로미오와 줄리엣〉에서 줄리엣은 로미오에게 부디 '변덕스런 달'에게 맹세를 하지 말라고 애원한다. 그리고 전설적인 마녀들은 달빛이 비친 날에 약초를 구한다고 알려져 있는데, 그 이유는 달빛 아래서 구한 약초들만이 기적적인 치료 효과와 강력한 마법의 효력을 지니기 때문이라고 한다. 또 민얼굴을 그대로 달빛 아래 드러낸 채로 잠든 사람들은 미치거나 백치가 된다는 오랜 믿음도 있다.

나는 또 답답하고 찜통 같은 선실을 피해 갑판 위에서 잠든 선원들에게, 달빛의 나쁜 영향을 상기시키며 선원들을 깨운 항해사를 본 적도 있다. 밀턴(John Milton, 1608-1674: 영국의 시인,『실낙원』의 작가-옮긴이 주)은 우울하게 얼굴을 찌푸리고 미쳐 발광하는 상태를 루니luny(달로 인해 미친 사람이라는 의미-옮긴이 주)라고 이름 붙였다.

지금까지 우리는 비극적인 운명을 암시하며 우리를 위협하는 수많은 물질적·정신적 대상들을 살펴보았다. 다모클레스의 검(the sword of Damocles: 디오니시오스 왕에게는 늘 아첨을 하면서도 속으로는 왕을 질투하는 다모클레스라는 신하가 있었다. 디오니시오스 왕은 다모클레스의 의중을 눈치 채고 그에게 한번 왕좌에 앉아 보라고 한 후, 다모클레스에게 위를 쳐다보라고 했다. 왕좌 위에는 머리카락 한 올에 아슬아슬하게 매달린 예리한 칼 하나가 왕좌를 겨누고 있었다. 다모클레스는 두려움에 떨며 두 번 다시 왕좌를 탐하지 않았다고 한다. '다모클레스의 검'은 신변에 따르는 위험을 의미하는 일화로 종종 회자된다-옮긴이 주)처럼 시시각각 우리를 위협하는 신변의 위험 속에서 비천한 인간이 살아남은 것이 되레 신기할 정도이지 않은가.

정말이지 우리는 '삶과 죽음' 사이에서 아슬아슬한 줄타기를 하고 있는 듯 보인다. 하지만 유감스럽게도 이제까지 살펴본 게 끝이 아니

다. 불운을 암시하는 징조들은 여전히 끝이 보이지 않을 정도로 많이
남아 있다.

사진에 얽힌 징조도 그렇다. 특히 가족의 초상화가 바닥에
떨어지면 가족 중 누군가가 죽거나 혹은 가족의 일원에게 큰 불행이
닥치리라는 것을 암시한다. 상상력이 부족한 작가들은 이러한 장치
를 소설 속에서 유용하게 써먹기도 한다.

**초록색은 아일랜드를 상징하는 색이지만 동시에 불
길한 상징으로 여겨지기도 한다.** 특이하게도 아일랜드를 이
끌던 파넬(Charles Stewart Parnell, 1846-1891: 아일랜드의 정치인이자
독립운동가-옮긴이 주)의 전기 작가에 따르면, 파넬은 초록색을 보는
것조차 참을 수 없어 했다고 한다. 에메랄드 섬(the Emerald Isle, 아일
랜드를 가리킴-옮긴이 주)의 적자嫡子가 초록색을 참을 수 없어 하다니
참으로 기이한 일이 아닐 수 없다.

작가인 배리 오브라이언이 기록하길, 파넬은 "계단에서 다른 사람
과 마주쳤을 때 그 사람을 지나쳐 가지 않으려 했고, 촛불이 세 개 켜
진 방에 앉아 있다는 사실을 깨닫고 두려움에 떨기도 했다. 그리고 방
안에 걸린 그림이 바닥에 떨어진 날이면 하루 종일 의기소침해 했고,
동료들이 올린 중요한 안건의 조항이 열세 개라는 이유로 그 안건에

대해서는 일절 입을 열지도 않았다"고 한다. 뿐만 아니라 그는 정치적 문제를 다루는 회의에서, 초록색 깃발을 흘깃 보기만 해도 소스라치게 놀라곤 했다.

비운의 운명을 맞은 포틀랜드 증기선 사고와 관련하여, 고양이 한 마리의 기묘한 행동이 근래에 사람들 사이에서 널리 퍼지고 있다. 포틀랜드 증기선은 1898년 11월 20일 거대한 폭풍우에 휩쓸렸고, 결국 탑승자 전원이 사망했다. 그런데 문제의 증기선이 출항하던 바로 그날, 고양이가 평소와는 달리 출항 직전에 배에서 내렸다는 것이다. 사람들은 고양이에게 어서 배에 오르라고 온갖 술수로 꾀어 보았지만, 고양이는 끝끝내 배에 오르지 않았다. 그리하여 그 배는 고양이를 태우지 않은 채 항해를 떠났고 결국 참혹한 결과를 맞았다. 사실 이런 종류의 미신은 평소에는 잠잠하다가도, 큰 사건이 터지기만 하면 새삼 주목을 받으며 널리 퍼지곤 한다.

뉴잉글랜드 해안을 따라 산책을 하던 중, 나는 많은 이들이 스스로를 미신적이라고 믿지 않으며, 자신이 미신적이라는 말을 들었을 때 매우 화를 낸다는 사실을 알게 되었다. 사람들은 오래전부터 삶 속에 스며든 기묘하고 별난 망상들을 미신으로 인정하지 않는 경향이 있다. 예컨대 사람들은 죽은 이의 시신을 일요일이 지난 이후에도 집 안에 두면, 그해 안에 가족 중 한 사람이 죽게 될 거라는 믿음 역시 미신이라고 생각하지 않는다.

과거에는 살짝수염벌레deathwatch의 짤깍대는 소리가 들리면, 가족 중 누군가가 죽을 것이라 믿었다. 우리 부모님 시대만 해도 이런 미신은 사람들을 두렵게 만들었지만, 다행히도 지금은 이 미신을 심각하게 받아들이는 이는 거의 없다. 한때 사람들을 소름끼치게 했던 살짝수염벌레 소리는, 그저 낡은 웨인스코트 장식의 삭아빠진 목재 속에서 울어 대는 작고 무해한 곤충 소리일뿐 더 이상 두려움의 대상이 아니다.

시계에 대한 미신은 헤아릴 수 없을 정도로 많다. 예민한 사람들은 멎었던 시계가 갑자기 뎅그렁 뎅그렁 시간을 알리며 울릴 때면 까무러칠 정도로 놀라곤 한다. 또 집안의 누군가가 죽는 그 순간, 시계도 함께 멈춘다는 속설도 있다. 하지만 훨씬 더 놀라운 사례가 있다.

최근에 꽤 믿을만한 어느 목격자의 주장에 따르면, 관처럼 뚜껑이 있는 어떤 시계가 부품이 없는데도 뎅그렁 소리를 내며 울렸다고 한다. 멎었던 시계가 갑자기 울리는 경우라면, 시계 장치의 오류 때문이라든가, 혹은 녹슨 스프링이 갑자기 작동을 해서라든가 하는 식의 이유를 들어 합리적으로 설명할 수 있겠다. 하지만 시계 부품이 없는 시계가 갑자기 울렸다는 건 도대체 어떤 이론을 갖다 붙여서 설명해야 할지 의아할 따름이다. 또 시계 소리는 경각심을 일으킨다는 미신도 종종 볼 수 있다.

그리고 익사한 사람의 주머니 속에 시계가 들어 있을 때, 그 시계를 멈추게 하는 관습이 있는데, 이는 시계와 내세 사이에 신비한 관계가 있다는 믿음 때문이다. 한 저명한 신문에는 밑도 끝도 없이 이런 무책임한 기사가 실린 적이 있다.

"펜실베이니아의 워싱턴에는 곧 새로운 시계로 교체될 예정인 오래된 시계가 하나 있는데, 그 시계에는 신비로운 전설이 전해진다. 20년 전에 뜰에서 어떤 사람이 목을 매고 죽었는데, 늘 정확하게 시간을 알리던 그 시계는 남자가 죽던 두 시에 멈췄다고 한다. 마치 죽은 자를 내세로 인도하기라도 한 것처럼 말이다. 그리고 많은 이들이 입을 모아 증언하길, 그날 이후 그 시계는 두 번 다시 울리지 않았다고 한다."

또 낮이건 밤이건 병든 사람이 누워 있는 창문 밑에서 개가 짖어대면, 바로 그날 그 사람이 죽을 징조라

여기는 사람도 있다. 이러한 믿음은 고대 신화의 상징에서 전해진 것이라 믿는 이들도 있는데, 이들에 따르면 개 짖는 소리는 사자死者의 영혼을 스틱스 강으로 실어가는 처량한 밤의 바람소리를 상징한다고 한다. 하지만 이러한 주장은 다소 억지스러운 듯 보인다.

양초에서 희뿌연 연기가 나오는 것 역시 과거에는 불길한 징조로 여겨졌지만, 다행히도 지금은 그런 미신은 사라졌다.

심약한 사람들은 코피가 나는 것도 호들갑을 떨며 두려워하곤 한다. 코피가 나는 것은 가족 중 누군가에게 죽음이 닥칠 징조라는 오랜 믿음 때문이다. 불과 얼마 전에 책을 읽다가 눈에 띄는 문장을 발견했는데, 그 문장은 다음과 같다.

"그 집사는 갑자기 코피를 한 바가지 쏟더니 이렇게 말했다. '방금 어머니가 돌아가셨습니다.'"

안경이 깨지면 그해에 가족 중 누군가가 죽게 될 징조이다. 이런 미신은 과거에 마법사나 사기꾼들이 거울을 이용하여 마법이랍시고 수작을 부렸던 데서 그 기원을 찾을 수 있을 것이다. 점성가들 역시 미래를 보거나 점을 칠 때 마법이나 주술을 행하는 척하는 눈속임 장치로 거울을 활용했다. 미신을 두려워하는 무지몽매한 사람들 때문에 결국 아무 죄도 없는 유리는 경외할 만한 물건으로 여겨지게 되었고, 이런 '유리'를 깨뜨리는 행위는 결국 재앙의 전조가 된 것이다. 하지만 이러한 오랜 믿음은 이제 더 이상 예전만큼 힘을 발휘하고 있지는 못하다.

이블 아이에 대한 두려움이 사라진 것은 정말 다행인 일이다. 비록 오늘날에는 옛날이야기에서나 등장할 법한 미신이지만, 사실 이블 아이는 너무나 오랫동안 조상들에게 커다란 두려움의 대상이었다.

시체를 만지면 특별한 효험이 있다고 믿는 것만큼이나 치가 떨리고 불쾌한 미신이 있는데, 상처에서 흐르는 신선한 피로 살인자가 누구인지 밝혀낼 수 있다는 믿음이 그렇다. 뉴잉글랜드의 최초 정착민들은 이 두 가지 미신을 굳게 믿었다. 아마 다른 식민지에서도 마찬가지일 것이다. 존 윈스럽(John Winthrop, 1588-1649: 미국의 법률가이자 식민지 시절의 정치가-옮긴이 주)에 따르면 마을에서 안타까운 영아 살해 사건이 일어나자, 상처의 피를 통해 살인자를 밝히는 방식으로 아이의 엄마에게 유죄 판결을 내렸다고 한다.[19] 이러한 미신은 독일에서 기원한 것으로 알려져 있다.

다음에 소개할 해괴망측한 미신은 오하이오를 여행하던 메이 대령이 쓴 일기에 담긴 내용을 바탕으로 한 것이다.

어떤 남자가 강물에 빠졌는데 제때 구조되지 못하고, 결국 익사하는 사건이 발생했다. 사람들은 그의 시신을 찾기 위해 다음과 같은 방법을 썼다. 우선 사람들은 익사한 남자가 입었던 셔츠를 구해서, 무게가 4파운드 정도 되는 갓 구운 빵에다 그 셔츠를 두르고는 줄로 꽁꽁 묶었다. 그런 다음 그것을 보트에 싣고 남자가 물에 빠진 장소로 가서 빵 덩어리에 낚싯줄을 연결하여 물 위에 띄워 두었다. 사람들은 그 빵 덩어리가 물 위를 둥둥 떠다니다가 시신이 있는 지점에 이르면 저절로 가라앉아 시신의 위치를 알려준다고 믿었다. 하지만 불행히도 낚싯줄이 너무 짧았고, 빵이 물에 잠겨 가라앉았을 때 낚싯대도 함께 가라앉아 버렸다고 한다.

미신에 대해 쉽게 정의하기란 쉽지 않다!

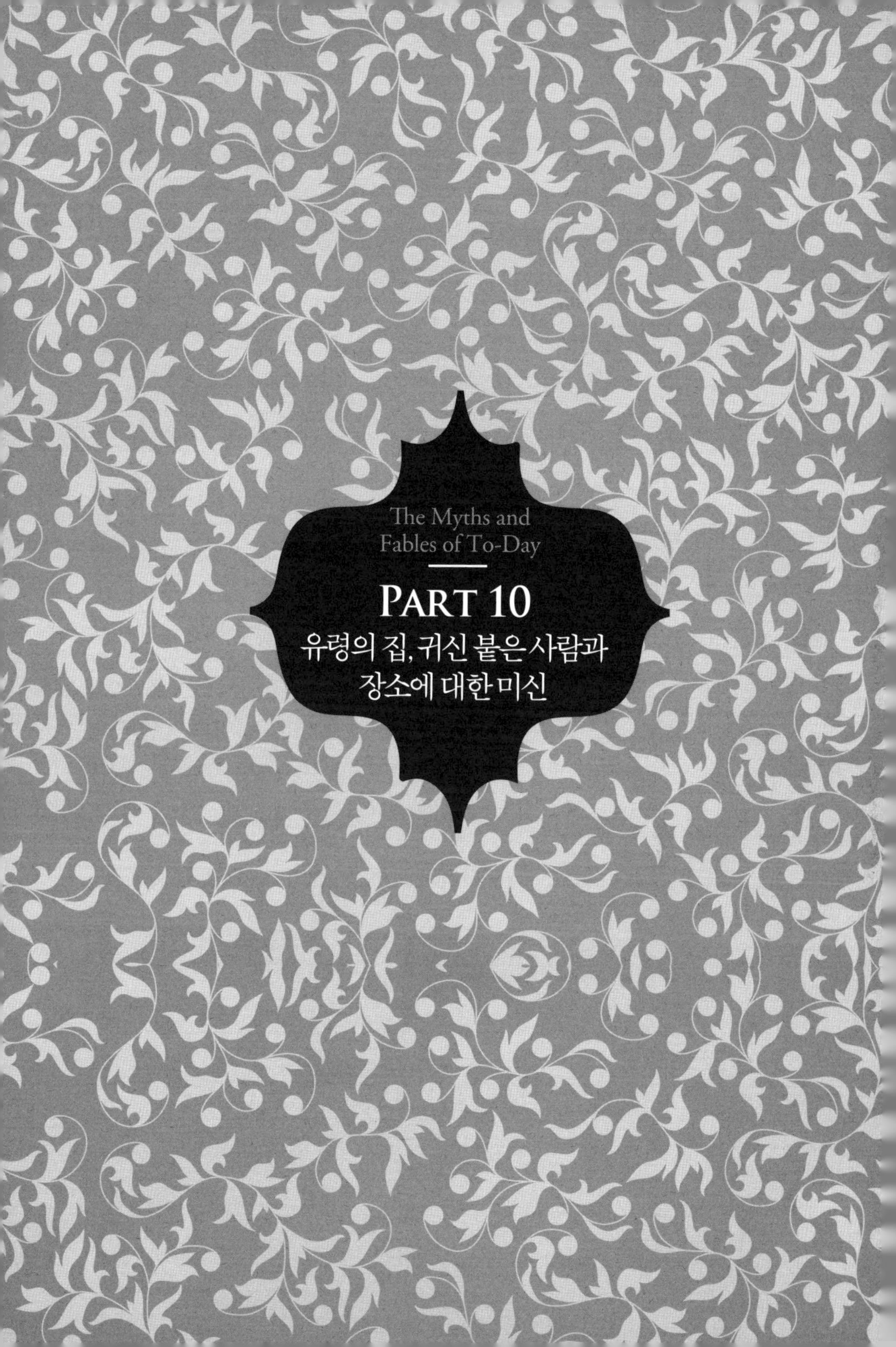

The Myths and
Fables of To-Day

PART 10
유령의 집, 귀신 붙은 사람과
장소에 대한 미신

　　일부 깨어 있는 사람들은 '유령의 집'에 대한 미신은 이제 사라졌다고 자신 있게 말할지도 모른다. 하지만 유감스럽게도 그 말이 채 끝나기도 전에, 그들은 신문의 한 면을 떡하니 차지하고 있는 '유령의 집'에 대한 기사를 발견하게 될 것이다. 이처럼 유령의 집에 대한 미신은 도무지 정복할 수 없는 거대한 산처럼 굳건히 자리를 지키고 있다.

　　오늘날 유령의 집이라고 알려진 집들은 대부분 비어 있는데, 그 이유는 당연히도 미신을 믿는 사람들이 육신 없는 혼령들과 한 지붕 아래에서 살고 싶어 하지 않기 때문이다. 잘 알려진 바와 같이 유령의 집의 신봉자였던 카미유 플라마리옹(Camille Flammarion, 1842-1925: 프랑스의 천문학자이자 작가-옮긴이 주)은 이렇게 말한 적이 있다.

"특정 집에는 의심의 여지없이, 유령이 있는 것이 확실하다."

"나는 1861년 11월 15일에 이 문제에 대한 과학적 연구를 시작했고, 지금까지도 연구는 여전히 진행 중이다. 나는 이 문제에 대해 세계 각지의 학식 있는 사람들로부터 4,000통 이상의 편지를 받았고, 반갑게도 가장 흥미로운 편지들은 미국에서 온 것들이었다."

유령의 집이 되기 위해서는, 눈에 보이지 않는 침입자가 일정한 시간에 어떤 꺼림칙한 느낌이나 특정 효과와 함께 출현함으로써 소심한 사람들이 잔뜩 겁을 집어먹도록 만들어야만 한다. 하지만 오늘날의 유령은 과거의 유령과는 사뭇 다른 점이 있다. 과거에는 머리카락이 쭈뼛 설 만큼, 혹은 온몸의 피를 한순간에 얼어붙게 할 만큼 무시무시하게 생긴 유령이 나타나서 앞으로 일어날 끔찍한 사건을 넌지시 일러 주거나, 무시무시한 미래를 대놓고 발설하곤 했다.

하지만 이런 식의 유령들의 시대는 이제 한물간 것이 되었다. 오늘날의 유령은 과거와는 달리 음산한 목소리로 일장 연설을 늘어놓는 일도 없고, 매캐한 유황 냄새를 남기며 사라지지도 않는다. 대신 오늘날의 유령들은 초인종을 울리고, 가구 위의 물건을 넘어뜨린다거나 혹은 아주 추운 날 밤에 잠든 이의 이불을 홱 잡아채거나, 아니면 불을 꺼버리거나, 이 방 저 방을 차례차례 휘저으며 법석을 떠는 식의 장난 섞인 행동을 하며 사람들을 성가시게 만든다. 마치 못 말리는 개구쟁이처럼 말이다. 한마디로 이들은 기상천외한 온갖 얄궂은 행동들로 가정의 평화와 고요를 깨뜨리는 밤의 침입자들이다.

두려움에 잠 못 이루는 날이 하루 이틀 이어지다 보면, 결국 그 집의 거주자는 더 이상 이 따위 집에 살 수 없겠노라며 짐을 싸기 마련이다. 그리하여 그 집은 미신의 생생한 기념비적 존재이자 유령의 집이라는 화려한 명성과 함께 누구도 살지 않는 빈집으로 남겨지는 것이다.

이 모든 일들이 지금도 여전히 일어나고 있다는 사실을 부정할 수 없다. 그리고 이런 일은 사람들이 쉬쉬하며 숨기기 때문에, 현재 대중들에게 알려진 것보다 훨씬 더 많은 사례들이 곳곳에 숨어 있을 것이다. 매사추세츠의 찰스타운에 있는 어느 가정에서는 한밤중에 누군가가 벽과 바닥을 두드리는 것 같은 이상한 소리가 들렸다고 한다. 결국 경찰이 출동하여 집을 샅샅이 뒤져 보았다. 하지만 마치 이곳저곳에서 흔적을 남기지만 결코 잡히지 않는 햄릿의 유령처럼, 보이지 않는 방해꾼들을 찾아내는 데는 결국 실패했다고 한다.

그러고 보니 유령의 집에 대해 떠오르는 특이한 사례가 하나 있다. 대부분의 유령들은 밤에만 출몰하는 반면, 이 사건은 기이하게도 낮에 일어난 괴이쩍은 사건이었다. 사건의 배경이 된 곳은 어느 학교였다. 이곳에서는 정규 수업 중에 종을 울린 사람이 아무도 없는데도 학교 종이 반복해서 울리는 사건이 일어나서 교사와 학생들을 아연실색하게 만들었다. 종소리의 원인을 캐기 위해 온갖 조사를 해 보았으나 이유는 밝혀지지 않았다. 결국 학교는 문을 닫았고, 현재까지도 그곳은 여전히 비어 있는 상태이다. 아무도 입 밖으로 내지는 않았지만, 사람들은 그 땅에 악마가 살고 있는 것이 틀림없다고 믿었다.

몇 세대 전까지만 해도 지금보다 훨씬 더 많은 유령들이 존재했을 것이다. 덕분에 사람들은 특정 장소에 출몰하는 유령을 없애기 위해 돈을 주고 전문적인 엑소시스트(무당)를 고용하기도 했다. 하지만 엑소시즘은 이제 설 자리를 잃었다. 셰익스피어는 이렇게 말했다.

"어떤 악령도 그대에게 해를 미치지 않으리!

어떤 마법도 그대에게 마법을 걸지 않으리!

이제 유령은 그대에게서 멀어졌나니!"

유령의 집에 대해서는 우리 조상들에게 일어났던 비슷한 사례를 살펴보는 것도 도움이 될 것이다. 다음은 1726년에 발행된 벤 프랭클린의 〈뉴잉글랜드〉 신문에서 발췌한 내용이다.

플리머스에서는 최근에 매우 기이한 사건이 전해진다. 사건의 원흉은 이웃에 사는 한 남자와 사탄이었다. 남자는 이따금씩 사탄에게 지붕을 타고 내려오라며 고래고래 소리를 지르곤 했다.

어느 날 남자가 여느 때처럼 사탄을 향해 소리치고 나서 얼마 후, 남자의 아내가 요리하던 푸딩이 순식간에 시커멓게 타버리는 일이 있었다. 그러자 아내는 남편의 부름에 응한 사탄이 지붕을 타고 내려왔다가 냄비 속에 빠진 탓에 푸딩이 시커멓게 타버렸다고 주장했다.

그 푸딩을 이리저리 살펴본 사람들은 푸딩의 갑작스러운 변화가 불가사의한 어떤 힘 때문이라는 데에 동의했다.

하지만 사람들은 이 사건을 매우 다행으로 여겼다. 사탄이 냄비 속에 떨어져 호된 일을 당했기 때문에, 앞으로는 남자가 아무리 사탄을 불러도 내려오려 하지 않을 것이라 생각했기 때문이다. 이제 남자는 더 이상 사탄과 어울릴 수 없을 것이다.

하지만 유령이 출몰하는 곳이 오직 '집'밖에 없다고 생각하면 오산이다. 어둡고 인적 없는 숲이나 축축하고 깊은 늪, 황량한 언덕 같은 음산한 장소 역시 유령의 집과 마찬가지로 불쾌한 명성을 얻고 있다. 이들 장소들은 기묘한 이야기나 전설과 관련되어 있기도 하고, 혹은 생생한 망상의 결과로 인한 저마다의 사연을 품고 있기도 하다. 깊은 숲 속에서 길을 잃은 사람들은 상상 속에서 저도 모르게 차마 보고

Part 10 유령의 집, 귀신 붙은 사람과 장소에 대한 미신

싶지 않은 끔찍한 무언가를 보기도 한다. 예컨대, 두 팔을 벌린 채 우뚝 늘어서 있는 고목들은 다음과 같은 상상을 일으키기도 한다.

유령선에 대한 일화도 빼놓을 수 없다. 아래 내용은 선원인 내 친구가 해준 이야기를 그대로 옮겨 적은 것이다.

10년 전쯤이었던가, 아니 그보다 덜 되었을 수도 있고, 더 되었을 수도 있겠군. 나이를 먹으면 당최 시간이 어떻게 가는지 모르겠다니까. 어쨌든 나는 폴 프라이 호에 타고 있었다네. 폴 프라이라니 이름 한번 유별나지 않은가? 우리는 해안에서 1마일쯤 떨어진 아바나의 항구에서 닻을 내리고 정박하고 있었다네. 돛도 고이 접어 내리고 말이지. 항해사는 망을 보고 있었지. 자네도 알다시피 배가 항구에 있을 때도 늘 적당히 망은 봐야 하거든. 바로 그날 화물을 다 비워버려서 화물칸은 텅 비어 있었지. 우리는 다음 날 아침에 설탕과 당밀을 배에 실을 예정이었거든. 나를 포함해서 선원들은 보트를 타고 다른 배에

가 있었지. 사환만 빼고 말이야. 그 늙은이는 배 위에 남아 있었지.

이제부터 잘 들어보게나. 배에 있던 항해사는 화물칸 안에서 누군가가 뚜벅뚜벅 앞으로 갔다, 뒤로 갔다 하는 소리를 들었지 뭔가. 그래서 그는 열려 있는 화물칸 문 앞으로 걸어가서 아래를 향해 소리를 질렀지.

"거기 누구 있소?"

하지만 아무 대답이 없었지. 그 친구는 다시 화물칸 쪽으로 귀를 기울였다네. 하지만 여전히 소리는 들리지 않았지. 혹시 사환이 장작을 가지러 화물칸에 내려간 건가 싶어서 항해사는 확인차 사환의 방으로 가 봤어. 하지만 사환은 침대에서 세상모르고 쿨쿨 잠들어 있었지. 그걸로 배 위에는 그 사환과 항해사 두 사람이 있다는 건 확실해진 거지.

항해사는 아무 말도 하지 않은 채, 등불을 챙겨들고 조용히 화물칸 안으로 사다리를 내렸어. 화물칸 안에서 소란을 피우는 녀석이 누군지 알아내기 위해서 말이야. 그 친구는 꽤나 간이 큰 친구라서 충분히 그럴 법도 했지!

항해사는 화물칸 안을 위아래 할 것 없이 구석구석 샅샅이 뒤졌어. 하지만 개미 새끼 한 마리도 없더란 말이야. 헌데 그 친구가 몸을 일으켜 세운 순간, 배의 앞뒤를 왔다 갔다 하는 그 알 수 없는 발자국 소리가 또다시 들리는 거야. 그것도 그가 서 있는 바로 옆에서 말이야!

Part 10 유령의 집, 귀신 붙은 사람과 장소에 대한 미신

상황이 이쯤 되자 그 친구는 꽤나 똥줄이 탔지 뭐야. 그래서 겁을 집어먹고 주위를 두리번거리다가 내려올 때와는 달리 허겁지겁 사다리를 타고 갑판 위로 올라왔지. 정말 귀신이 곡할 노릇이 아닐 수 없었지.

그 친구는 재빨리 사환의 방으로 가서 그를 흔들어 깨웠어. 그러고 나서는 함께 화물칸의 입구 쪽으로 가서 귀를 기울였어. 그러자 이번에는 두 사람의 귀에 똑똑히 들렸어! 뚜벅뚜벅 걷는 예의 그 발걸음 소리가 말이야! 두 사람은 화물칸 입구를 열어젖히려 했지만 소용없었어. 화물칸 안에 있는 그놈이 더 셌거든.

그 친구는 얼굴이 흙빛으로 변한 그 사환한테만 자신이 겪은 일을 소상히 털어놓았지. 하지만 배가 다시 항해를 시작할 때쯤 선원들 사이에 그 소문은 삽시간에 퍼져나갔고, 겁을 집어먹은 선원 중 한둘은 배가 항구를 떠나기 전에 줄행랑을 쳤지.

배의 이쪽 끝에서 저쪽 끝까지 뚜벅뚜벅 걷는 발자국 소리는 경고의 의미를 띤다네. 하지만 문제의 그 발자국 소리는 하루 이틀 후에 잦아들었고, 더 이상 화물칸에서는 아무 소리도 들리지 않았지. 하지만 출항한 지 아마도 사흘째 되던 날, 우리는 심한 풍랑을 만났네. 우리는 가까스로 버뮤다에 있는 어느 섬의 모래톱에 배를 대었지만, 이미 폴 프라이 호는 모래에 깊이 처박힌 채 그곳에 남겨졌지. 구조선이 와서 우리를 모두 태워서 낫소로 데려갔다네. 그 배는 틀림없이 유령이 씌인 거라고! 암, 그렇고말고.

유령의 집뿐만 아니라, 특정 '장소'도 유령 붙은 곳으로 악명을 떨치기도 한다. 끔찍한 범죄가 일어났던 장소이거나 혹은 그 지역의 전설이 오래도록 기억되는 경우도 있다. 일단 특정 장소나 그 지역의 전설이 좋지 않은 쪽으로 명성을 얻게 되면, 그 기억은 세대를 거치며 오래도록 살아남기 마련이다. 아마 대부분의 소년들은 보스턴 항구 입구에 있는 '가라앉은 섬' 닉스 메이트Nix's Mate에 대한 기이한 전설을 들어 본 적이 있을 것이다. 예전에 해적들은 이 섬에서 사슬에 묶여 교수형을 당했다고 알려져 있다.

뉴햄프셔 연안의 애플도어Appledore 섬에는 해적 키드(William Kidd, 1645-1701: 카리브 해에서 활동한 유명한 해적으로, 한때 영국의 군인이었다고 한다. 추후 영국군에게 체포되어 교수형에 처해진다-옮긴이 주) 선장의 부하 유령 하나가 떠돌고 있다고 한다. 그 유령을 목격한(혹은 목격했다고 주장하는) 사람들의 말에 따르면, 그 유령은 차마 눈뜨고 보기 어려울 정도로 처참한 모습을 하고 있으며, 목에는 교수형에 처해졌을 때 생긴 남빛의 올가미 자국이 뚜렷이 새겨져 있다고 한다.

그 탓으로 섬의 주민들은 해가 진 이후에는 감히 이 섬을 돌아다닐 엄두를 내지 못했다. 이런 악명 높은 장소는 뉴잉글랜드 곳곳에서 찾을 수 있다. 예컨대, 마블헤드에는 잔인한 살인자들에게 자비를 구하며 찢어질 듯 처절한 비명을 지르는 여인의 유령이 있다고 한다. 또 해적이자 배 약탈자로 악명 높은 해리 메인Harry Main의 전설도 전해 진다. 그는 가짜 불빛을 이용해서 선원들을 꾀어내어 입스위치Ipswich 의 모래톱에 있는 함정으로 끌어들여 배를 난파시켰다고 한다. 결국 무방비한 희생자들은 그의 꾐에 빠져 죽음의 장소로 끌려들어가는 운명을 맞았다.[20]

유령이 붙은 것으로 악명 높은 장소들은 주로 바닷가에 몰려 있긴 하지만, 가끔은 내륙에서도 그런 곳을 찾을 수 있다. 뉴햄프셔의 체스 터의 어느 마을 변두리 지역에는 방울뱀 언덕Rattlesnake Hill으로 알려 진 곳이 있는데, 한 면 전체가 바위 지형으로 되어 있고 커다란 구멍 이 동굴을 이루고 있다.

바로 이곳이 나라 전체에서도 악명을 떨치는 '악마의 동굴'이다. 사 람들은 옛날 옛적부터 겨울철 난롯가에 둘러 앉아, 이 동굴 안을 떠도 는 온갖 악마와 괴물들에 대한 무서운 이야기를 나누곤 했다. 인간의 눈에는 보이지 않는 온갖 악마와 괴물들이 한밤중에 그 산중의 음침 한 은신처에 모여 한바탕 유흥을 벌인다는 것이다.

이 동굴에는 내부로 이어지는 입구가 두 개 있는데, 둘 다 지하의 비밀스런 공간과 연결된다. 동굴 안의 아치형 천장에는 길쭉길쭉한 크고 작은 돌기들이 촘촘히 박혀 있었고, 횃불이 타올라 동굴을 비추 면, 천장의 그 돌기들은 검붉은 빛을 일렁이며 번쩍거렸다. 전해져 오

신화와 미신 그 끝없는 이야기

는 이야기에 따르면, 동굴로 가는 길은 사시사철 개방되어 있었다고
한다. 오래 전, 시인 휘티어는 이 동굴의 전설에서 감흥을 얻어 다음
과 같은 시를 썼다.

"이곳은 사악한 동굴.

타락한 자들이 떠도는 곳.

한밤중의 나그네들은 보았네.

붉은 불꽃 하나가 동굴 입구에서 흔들리는 모습을.

그리고 빛을 받아 떨리는 나뭇가지들이

뱀의 혓바닥처럼 격렬하게 움직이는 모습을.

그리고 그들은 들었네.

동굴에서 나오는 사악한 소리를,

희미한 재잘거림과, 악마의 외침을.

형체 없는 손들이 동굴 입구에서 춤을 추노니.

그리하여 사람들은 말했지.

그곳은 '악마의 동굴'이라고."

옛날 사람들은 악마나 사탄의 존재를 믿었다. 그리고
사탄이 인간 세상에 직접적으로 힘을 행사한다고 생각했기에 이 지
역의 전설은 끈질기게 살아남았다. 뿐만 아니라 사람들은 '언제 어디

Part 10 유령의 집, 귀신 붙은 사람과 장소에 대한 미신

서나 존재하는' 악마가 실제로 특정 장소에 자신의 흔적을 뚜렷이 남긴다고 믿었다.

사람들은 악마의 존재에 대해 의심을 품지 않았으며, 악마의 존재를 의심하는 것은 비합리적이고 편협한 사고방식이라고 여겼다. 심지어 사람들은 여기저기서 악마의 발자국을 발견하기도 했다. 또 사람들은 메인 주 해안 근처의 지형에 '악마의 설교'라든가, 혹은 '악마의 시골길'이라는 이름을 당당하게 붙이기도 했다. 어디 그뿐이랴. 유명한 마녀 재판 기록만 살펴보아도, 사탄이 자신의 본색을 드러내며 직접 모습을 드러내거나 목소리를 낸 경우가 비일비재하지 않은가?

성질 급한 사람들은 뭔가가 자신들의 기대에 차지 않으면, "죽은 후에 당신 곁을 떠돌 것이다"라는 기분 나쁜 협박을 하곤 한다. 나는 농담이든 진담이든 종종 이런 말을 들은 적이 있는데, 누군가로부터 이런 말을 들으면 늘 조금은 꺼림칙한 기분이 든다.

몇 년 전, 신문에 실린 이야기가 있다. 이 기사는 펜실베이니아의 한 마을 주민의 부인에 대한 일화인데 내용은 다음과 같다.

마을의 어느 부인 한 명은 생전에 자신의 친구들에게 자신은 죽어서 절대로 축축한 교회 묘지에 묻히고 싶지 않다는 말을 입버릇처럼 하곤 했다. 그녀는 만일 자신의 소원이 지켜지지 않으면 유령이 되어서 가족들 주위를 떠돌 것이라고 말하며, "가족들에게 이 말을 전하라"고 신신당부했다. 그 부인이 죽은 후, 그녀의 시신은 생전에 그녀가 그렇게도 싫어했던 묘지에 묻혔다. 그리고 그때부터 이상한 일이 일어났다.

남편의 말에 따르면, 장례식 이후에 죽은 아내가 자신의 침대 곁에 몇 번이나 나타났는데, 그때마다 자신을 쳐다보며 앙상한 손으로 불만을 표시하는 듯한 행동을 취해 보였다는 것이다. 남편은 죽은 아내 때문에 도저히 잠을 이룰 수 없었다. 아내의 마지막 소원을 들어주지 않았기 때문에 아내의 영혼이 자신과 아이들에게 적의를 드러내는 것이라고 남편은 굳게 믿었다. 죽은 아내는 아이들 앞에도 나타났고, 그 때문에 이 가족은 끊임없이 유령으로부터 시달림을 당하고 있다고 한다.

또 우리 마을에 사는 어떤 이는 '유령'을 몇 번이나 보았으며, 자신의 가족들 모두 그 유령을 목격했다고 한다. 그는 유령에 관한 책을 출판하여 자신이 본 유령의 모습을 소상히 기록했다. 그는 이 책에서 자신의 기이한 목격담을 솔직하게 기록했으며, 자신이 본 것은 상상도 꿈도 혹은 악몽도 아니며, 그 유령은 자신이 늘 정신이 말짱한 상태로 깨어 있을 때 찾아왔다고 주장했다. 이 때문에 그의 이웃에 사는 여성들과 아이들은 겁에 질렸고, 사람들은 어두워진 후에는 감히 밖으로 나가지 못했다.

Part 10 유령의 집, 귀신 붙은 사람과 장소에 대한 미신

이런 기사가 실린 지 채 얼마 되지 않아 다음과 같은 전보들이 속속 연합통신에 배달되었고, 이들 사연들은 온갖 미신 방송 채널을 통해 널리 퍼졌다.

1899년 연합통신

1899년 4월 3일, 유명한 뉴스테드 수도원에서는 또 다른 불운이 이어졌다. 그 수도원에는 장자가 그 땅을 상속받지 못하는 저주가 걸려 있는 것이 틀림없다. 바이런은 그 수도원을 1808년에 월드먼 대령에게 팔았고, 그 대령은 자식을 남기지 못하고 사망했다. 신탁인들은 그 수도원을 유명한 스포츠 선수인 웹에게 팔았지만, 안타깝게도 그의 첫째 아들이 이번 주에 사망하고 말았다. 기록에 따르면 생전에 바이런은 술을 담는 그릇으로 누군가의 두개골을 썼다고 하는데, 그 두개골의 주인이 유령으로 수도원을 떠돌고 있다고 한다. 웹은 더 이상 그 유령이 출현하지 않기를 바라며, 바이런이 쓰던 두개골을 땅에 묻었다.

어떤 이들은 육신을 떠난 영혼과 대화를 나눌 수 있는 힘이 있다고 주장하기도 한다. 이를 종교적 믿음만큼이나 굳게 믿는 사람이 있는 반면, 그것을 망상이라 여기는 사람들도 있다. 40여 년 전, 강신술(spirit rapping: 탁자 따위를 똑똑 두드려 영혼과 강신술사가 대화하는 것-옮긴이 주) 소동으로 나라 전체가 한바탕 난리법석을 떨었던 적이 있다. 종교계에서는 영혼과의 만남에 대해 매서운 비난을 퍼부었지만, 한 언론에서는 이를 상세히 다루었다. 결국 이 언론은 지독한 사기꾼 취급을 받으면서 고소당했고, 폭로가 꼬리를 물고 이어졌다. 하지만 사람들의 조롱과 비방에도 유령과 대화를 나누는 강신술에 대한 믿음은 아직까지 꿋꿋이 살아남아 여전히 논쟁의 대상이 되고 있다.

과거 새뮤얼 존슨(Samuel Johnson, 1709-1784: 영국 시인 겸 평론가-옮긴이 주)은 저서에서 "하느님의 다스림 속에 도덕적 악이 존재한다면, 물리적 악 또한 실제로 존재하지 못하리라는 법이 어디 있겠는가?"라는 질문을 한 적이 있다. 악에 대한 죗값으로, 부모 세대의 죄가 자식들, 그리고 손주와 그 다음 세대까지 대물림 될 수 있다는 개념은 다음과 같은 실제 사건을 떠올리게 한다.[21]

매사추세츠의 에식스 카운티에는 유령이 떠도는 곳으로 악명 높은 장소가 있다. 이 지역의 전설에 따르면, 이곳에서 잔인한 살인사건이 있었다고 한다. 또 일부 노인들의 말에 따르면, 살인이 일어난 그 장소에서 아이가 처량하게 우는 소리가 들린다고도 했다. 어떤 기마병은 그 저주받은 장소를 지날 때, 아이의 관 하나가 길을 따라 움직이는 모습을 보았다고 주장하기도 했다. 그리고 유령이 입스위치의 마을까지 자신을 따라왔다고도 했다. 이 때문에 마을 사람들은 날이 저문 뒤에는 감히 그곳에 얼씬도 하지 못했다.

이 극적인 이야기의 기원은 사람들마다 다소 말이 다르긴 하지만, 각고의 노력 끝에 어느 정도 진실에 도달할 수 있었다. 이 사건이 가문의 수치스러운 비밀로 묻히는 대신 사람들에게 알려지게 된 이유는, 바로 이 사건이 지역의 평판과 관계가 있었기에 적극적으로 사건의 진실을 밝히려는 노력이 있었기 때문이다. 그리고 이 노력 덕분에 결국 사건의 전말이 드러나게 되었다. 그 전말은 이러하다.

이야기는 식민지 시대로 거슬러 올라간다. 당시 사회적 지위가 높은 어느 집안에 두 딸이 있었다. 이 두 딸들에게는 흑인 하녀가 있었는데, 이 두 딸들은 흑인 하녀를 매우 가혹하게 대했다고 한다.

시간이 지나 이 흑인 하녀는 아기를 낳았다. 하지만 하녀의 아기를 몹시 재수 없게 여긴 잔인한 두 딸들은, 아기를 해치기로 결심하고 자루 속에 아기를 담아 다락에 숨겨 놓았다. 하지만 하녀는 아기의 울음소리를 듣고 아기를 찾아냈다. 계획이 실패로 돌아가자 두 자매는 아기의 정맥에 핀을 꽂은 후 침대 사이에 넣어 질식시켜 죽이려 했다. 아기가 더 이상 숨을 쉬지 않자 두 자매는 아기를 다리 밑의 시냇물에 던져 버렸다. 하지만 아직 숨이 붙어 있었던 아기는 울음을 터뜨렸고, 이 울음소리를 들은 행인 한 명이 아기를 구해 냈지만, 몸에 나 있던 상처 때문에 아기는 결국 죽고 말았다.

자매의 잔혹하고 비열한 행동에 반쯤 미친 아기의 엄마는 그 극악

무도한 자매와 그 자매의 자식들, 그리고 그 자식의 자식들에게까지 대대손손 저주가 내리기를 신에게 간청했다.

이것이 바로 그 전설의 실체이다. 그리고 이야기는 이렇게 이어진다. 그 가문의 자매들이 낳은 아들들은 모두 희귀한 병에 걸렸는데, 그 병은 아주 작은 상처만 입어도 피가 멈추지 않고 다량의 피를 흘리는 병이었다. 그저 긁히기만 한 작은 상처에서도 피가 멎지 않은 탓에 환자는 피를 너무 많이 흘려 죽음에 이르기도 했다. 이런 병에 걸린 환자를 '블리더bleeders(피 흘리는 사람이라는 뜻. 혈우병 환자를 의미한다-옮긴이 주)'라 불렀다.

펠트 씨는 이들에게 나타나는 특이한 증세는 그 가문이 미국으로 오기 전인, 영국에서부터 이미 있었던 증상이라고 주장했다. 만일 그 말이 사실이라면 이 가문 사람들에게 나타나는 이상 출혈 현상은 그 전설과는 무관한 셈이 된다. 그렇다면 그 장소에서 사람들이 들었다는 아기 울음소리나 그 밖의 기이한 현상에 대해서는 어떻게 설명할 수 있을까? 그것은 아마도 사람들이 '정의'를 바로잡는 유령들을 좋아했기 때문에 만들어 낸 현상일 것이다.

옛날 사람들은 〈햄릿〉에 나오는 유령처럼 정의를 바로잡기 위해 출현하는 품위 있는 유령을 좋아했다. 그리고 비교적 최근까지도 사람들은 유령이 햄릿의 아버지처럼 대중에게 뭔가를 알리는 역할을 하는 존재라 여기고, 유령의 말을 진심으로 믿었던 것 같다. 이에 대한 사례는 1729년 12월 1일자 뉴잉글랜드의 〈위클리 저널〉에 실린 내용에서 찾아볼 수 있다. 그 내용은 이렇다.

지난 주, 입스위치(영국 잉글랜드 동부, 서펵 주의 주도-옮긴이 주) 출신의 어떤 이가 보스턴으로 왔다. 그가 노바스코샤의 칸소(캐나다 남동부의 반도에 있는 지역-옮긴이 주)에 머무르는 동안, 그는 상처투성이의 유령을 보았다고 했다. 그 유령은 특정 시간과 장소를 언급하며, 자신이 그 시각 그곳에서 누군가에게 끔찍하게 살해당한 이야기를 했다고 한다. 그 유령은 그 남자에게 사건이 일어난 로드아일랜드(미국 북동부의 주-옮긴이 주)로 가서 자신을 죽인 그 살인자를 고소해 달라고 요청했다.

그리고 사건과 관련된 정황에 대해서도 남자에게 말해 주었다. 그 남자는 캐나다의 칸소를 떠나 영국 입스위치로 돌아가려고 했으나, 다시 유령이 나타나서 제발 그 사건을 고소해 줄 것을 촉구했다. 결국 그 남자는 유령의 청을 받아들여 로드아일랜드로 떠났고, 목요일에 그곳에 도착했다.[22]

뉴잉글랜드의 어느 지방 사람들은 시신에서 얻은 기름으로 만든 양초에 불을 켜면, 그 양초를 손에 든

신화와 미신 그 끝없는 이야기

사람이 투명인간이 된다는 특이한 믿음을 지니고 있었다. 뿐만 아니라 시신에서 얻은 기름으로 만든 양초를 켠 채 침실에 두면, 그 양초가 다 탈 때까지 잠에서 깨지 않고 푹 잘 수 있다고 여겼다. 이는 매우 지적이고 품위 있는 한 여성이 내게 해준 이야기다.

나는 이 여성으로부터 들은 이야기에 착안하여 더 많은 자료를 찾아보았다. 처음에는 도저히 믿을 수 없는 거짓말 같은 이야기였지만, '손'에 대한 오래된 미신과 관련된 자료를 찾아 본 후에야 나의 의구심은 비로소 사라졌다. 그 자료는 다음과 같다.

"'영광의 손A Hand of Glory'은 프랑스, 독일, 그리고 스페인에서 유행하는 미신으로, 강도나 암살자가 지니는 부적이다. 이것은 교수형 당한 이의 손으로, 그 손에는 교수형 당한 자의 지방과 왁스를 섞어 만든 양초가 들려져 있다. 다른 이에게 '영광의 손'을 보여주면, 상대는 그 자리에서 죽은 자처럼 움싹달싹할 수 없이 몸이 굳어 버린다."

오래된 묘지 위에서는 이따금씩 춤을 추듯 출현하는 도깨비불을 볼 수 있다. 이는 버그베어(bugbear: 나쁜 아이를 잡아먹는다는 귀신-옮긴이 주)나 윌 오 더 위스프(Will-o'-the-wisp: 유령이 나타나기 전에 보인다고 하는 푸르스름한 도깨비불의 일종-옮긴이 주), 혹은 잭 오 랜턴Jack-o'-lantern 등의 여러 가지 이름으로 불린다. 묘지에서 도깨비불이 나타나는 현상은 과학적으로 설명할 수 있는데도, 많은 이들은 묘지 주변에 있을 때 본능적인 두려움을 느끼기 마련이다.

내가 어렸을 적에, 어두운 묘지 주변을 지나는 것을 매우 두려워했던 기억이 난다. 희미하게 보이는 묘비들 사이로 뭔가가 숨어 있는 것만 같은 서늘한 기분에 나는 애써 다른 방향을 쳐다보았다. 그리고 이따금씩 뒤를 돌아보며 휘파람을 불었다. 하지만 부질없었다. 두려움이 만들어 낸 온갖 유령들이 내 뒤를 바짝 따라 붙는 기분이 들어, 나는 걸음아 날 살려라 하면서 있는 힘껏 줄행랑을 쳐서 그 장소를 벗어났다.

마치 금단의 열매처럼
세상의 숨겨진 비밀은 나약한 인류에게 있어 반드시 알고 싶지만
파고들어서는 안 되는 대상이었을 것이다!

The Myths and
Fables of To-Day

PART 11
불길한 예감

“나는 보고 듣는다.
유령과 악귀, 그리고 악령의 모습과 목소리를."
-로버트 버턴

이번 장에서는 깊이가 다른 '사악한 전조'나 '불길한 징조'에 대해 다루려 한다. 말하자면 영혼이 잠식당한 듯 무거운 기분이 들거나 일상을 방해할 정도로 불안에 휩싸이는 경우가 그렇다. 이런 감정은 일종의 '경외'와도 같은 기분을 느끼게 만든다. 이런 기분은 그저 쉽게 웃어넘길 수 있는 차원의 것이 아니라 순식간에 사람들의 마음을 무겁고 진지하게 만든다. 삶과 죽음처럼 중대한 문제들은 그리 가볍게 치부할 수 없는 무게감을 갖고 있기 때문이다.

마음이 덜컥 내려앉는 듯한 서늘한 감정을 불러일으키는 상상이나 느낌, 혹은 예측이 들 때, 대체로 남자들은 침묵하는 반면, 여자들은 이런 감정을 종종 입에 담곤 한다. "아무래도 뭔가 나쁜 일이 생길 것만 같아요!"라는 말을 우리는 얼마나 자주 듣는가!

'전조'와 관련된 이야기들은 헤아릴 수 없을 만큼 많다. 어떤 이들은 이성적으로 설명할 수 없는 이상한 경험을 겪기도 한다. 털어 놓을 수 없는 집안의 비밀 때문에 그런 경험을 말하지 않은 채 끌어안고 있는 사람도 있다. 우리가 온전한 정신으로 깨어 있을 때도 마치 끔찍한 악몽처럼 우리 정신을 사로잡는 그 비밀스러운 힘은 과연 무엇일까?

이들은 대체로 미래에 나쁜 일이 일어나리라는 경고를 담고 있다. 사실 '전조'란 우리가 우연히, 혹은 의도치 않게 알게 된 미래에 대한 지식이라 할 수 있다. 사람들에게 비웃음을 당하리라는 두려움만 없다면, 이런 종류의 흥미로운 현상들에 대해 자신의 경험을 토대로 입증해 보일 수 있는 사람들이 매우 많을 것이다.

메인 주의 자그마한 항구 도시에 살고 있는 중년의 사려 깊은 어느 부인은 마을의 누군가가 죽기 전에 늘 죽음의 전조를 느낀다고 주장했다. 그녀는 결코 이 비밀을 누설하지 않았지만, 그런데도 가족 중 누군가가 심하게 아플 때마다 이웃들은 그녀에게 찾아와 조언을 구하곤 했다. 그리고 사람들은 그녀의 말을 신탁처럼 온전히 믿었다.

이 마을에서는 썰물이 오기 전까지는 병자가 죽지 않는다는 믿음이 만연했다. 썰물 때 물이 서서히 빠지기 시작하면 그제야 생명도 함께 빠져나간다는 것이다. 이러한 미신은 여전히 영국의 일부 지방에 남아 있다. 찰스 디킨스(Charles Dickens, 1812-1870: 19세기 영국을 대표하는 소설가로, 당대의 최고 작가로 활동하면서 다채로운 인물 창조와 해학을 담은 소설들을 집필했다. 대표작으로는 『위대한 유산』, 『올리버 트위스트』, 『황폐한 집』, 『크리스마스 캐럴』 등이 있다-옮긴이 주)의 『데이비드 카퍼필드David Copperfield』에도 이런 내용이 나온다.

그러고 보니 최근에 있었던 끔찍한 철도 사고가 떠오른다. 당연히 사고 후 얼마 동안은 이 철도 사고에 대한 이야기가 여기저기서 화두에 올랐다. 사람들이 늙고 충직한 기관사를 기차의 잔해에서 끌어냈을 때, 그 불쌍한 기관사는 피를 흘리며 자신을 구조해준 사람에게 이렇게 말했다고 한다.

"나는 바로 이 자리에서 어떤 사람을 세 번 보았고, 기차를 세 번 멈추었소이다. 나는 몹시 불길한 기분이 들어서 오늘 아침에 두 번 다시 이 길로 가는 기차를 운전하지 않을 거라고 말했소. 하지만 아무도 내 자리를 대신할 사람이 없어서 할 수 없이 내가 운전을 하게 되었는데 결국 이 사단이 난 거요."

극도로 위험한 순간에 불길한 예감이 떠오르는 것은 지극히 당연한 일일 것이다. 하지만 아무런 위험도 없고,

정신적으로나 육체적으로도 별 탈이 없는데도 불길한 예감이 드는 것은 쉽게 이해하기 힘든 일이다. 하지만 정신력이 강한 사람이 아무 이유 없이 불안한 예감을 느끼는 사례는 역사 속에서 종종 찾을 수 있다.

몬틀리 씨의 저서 『바네벨드의 존John of Barneveld』에는 프랑스의 군주 앙리 4세의 죽음 직전의 상황에 대한 묘사가 생생하게 담겨 있다. 위대한 군주였던 앙리 4세는 막강한 군대를 이끌고 스페인과 전쟁을 벌이러 가던 중이었다.

"그는 여왕의 대관식을 기리는 연회에 참석하기 위해 며칠 동안 출정을 연기했다. 하지만 앙리 4세는 이 연회를 몹시 두려워했으며 불길한 예감을 느꼈다. 그는 이 연회 동안 자신의 신변에 이상이 생길까 두려워했고, 생명의 위협을 느꼈다. 앙리 4세는 아끼는 재상 설리Sully에게 여러 차례 '왜 그런지는 모르겠지만 뭔가 불운이 닥칠 것 같은 느낌이 드네. 도무지 이 생각을 떨칠 수가 없어'라고도 했다. 또 앙리 4세는 마차에서 죽음을 맞게 될 것을 암시하는 꿈을 꾸기도 했다. 왕의 말을 들은 설리는 여왕에게 달려가 연회를 취소해줄 것을 간곡히 요청했다. 하지만 여왕은 몹시 분노하며 이를 거절했다. 결국 연회 동안 왕을 살해하려는 음모는 순탄히 진행되었고, 앙리 4세는 연회가 진행되던 중 라바이약Ravaillac에 의해 마차에서 암살당했다."

보즈웰(James Boswell, 1740-1795: 영국의 전기 작가-옮긴이 주)의 저

서 『존슨Johnson』에는 토마스 리틀턴 경에 관한 신기한 사건이 언급되어 있다. 토마스 리틀턴 경은 자신이 죽을 시간을 예측했고, 이는 정확히 실현되었다. 책에서는 그 일에 대해 이렇게 적고 있다.

"그것은 내가 들어본 것 중에서 가장 기이한 이야기였다. 나는 그 일에 대해 리틀턴 경의 삼촌 웨스트콧 경에게서 똑똑히 들었다."

또 바이런 경은 한때 자신의 생일에 있을 일을 예측하기도 했고, 나폴레옹도 마찬가지였다. 마리 앙투아네트 역시 예감의 신봉자였다. 그녀는 "결혼식 날, 내가 죽음의 문서에 서명하고 있다는 속삭임이 들려왔다. 만일 할 수만 있었다면 나는 마지막 순간에 그 결혼식을 취소했을 것이다"라는 말을 남겼는데, 이는 형장의 이슬로 사라질 그녀의 암울한 미래를 암시하는 듯하다.

뉴잉글랜드의 역사가인 윈스롭은 세일롭에 사는 어느 빵 장수가 자신의 죽음을 예측한 매우 특이한 사례에 대해 언급한 적이 있다. 이 남자는 어느 날 아침에 일을 하러 가기 전에 아내에게 앞으로 더 이상 자신을 못 보게 될 거라는 말을 했다고 한다. 그리고 바로 그날, 그 남자는 쓰러지는 나무에 맞아서 죽고 말았다.

사실 우리는 비교적 최근에 일어난 사건에 비해, 오래전에 일어났던 일에 대해서는 그다지 중요성을 두지 않는다. 과거에 일어났던 일들은 입증하기도 어렵고, 또 이런 미신은 옛날 사람들의 무지에서 비롯된 것들이 많다고 여기기 때문이다.

하지만 인간의 예감에 대한 감수성은 예나 지금이나 그리 다르지 않은 것 같다. 그리고 이러한 예감들은 반박할 수 없는 증언으로 입증되기도 한다. 뉴잉글랜드의 전설에 각별한 관심을 가지고 있던 시인 휘티어는 자신이 알고 있는 몇 가지 사건들에 대해 이렇게 적고 있다.

"매우 정직하고 지적인 어떤 이웃 한 명이 내게 이런 말을 해주었다. 자신의 형이 메리맥 강에서 익사한 순간, 사건 현장에서 멀리 떨어져 있었는데도 별안간 이제껏 경험하지 못한, 심장을 쥐어짜는 것 같은 고통스러운 기분이 들었다고 한다. 그리고 그 외에도 이와 유사한 이야기를 아주 많이 들었다."

또 휘티어가 '사실'이라고 증언한 또 다른 사건이 있다.

"1831년 9월에 마을의 한 유지가 메리맥 강의 다리 위에서 혈관이 파열되어 급사하는 사건이 있었다. 때는 막 동이 틀 시간이었고, 당시 그는 도개교 관리자와 만날 약속이 있었다고 한다. 고인이 워낙 유명한 인물이기도 했고, 무엇보다 이 사건에 얽힌 특이한 소문이 돌았기에 그의 장례식에는 그를 추모하려는 사람들로 붐볐다. 장례식이 끝난 후, 고인의 동생이자 훌륭한 기독교인인 토마스가 일어나서 형의 죽음과 관련하여 이상한 점이 있다며 말을 꺼냈다. 그는 차분하고 엄숙한 태도로 이야기를 하기 시작했다. 형이 죽기 한 달쯤 전에, 그는 피가 홍건하게 고여 있는 다리에 대한 환영을 몇 번이나 보았다고 자신에게 말했다는 것이다. 그 환영은 눈앞에 나타났다가 마치 보이지 않는 손이 화면을 지우는 것처럼 불현듯 사라졌고, 형은 그 환영에 매우 괴로워했다고 한다. 또 저녁 무렵, 그는 강을 따라 다가오는 배가 도개교 부근에서 사라지는 환영을 보았다고도 했다. 또 '나는 죽고 있어!'라는 희미한 목소리도 들었는데, 그것이 마치 자신의 목소리 같았다고도 했다. 이 환영을 본 후, 그는 그것이 바로 자신의 죽음에 대한 암시이며, 그 시간이 임박했다는 것을 느꼈다고 했다. 또 그 사건이 일어나기 불과 며칠 전에 형은 자신이 본 환영이 실제로 일어날 것임을 확신했고, 결국 그 일은 그대로 이루어졌다."

레호보스의 새뮤얼 뉴먼 목사에 대한 놀라운 사례가 있다. 그의 전기 작가에 따르면, 그는 죽음을 예감했을 뿐만 아니라 그 날짜까지 정확히 예측했다고 한다. 어느 날 그는 「욥기」 14장 14절 "나에게 약속된 날들이 변화와 함께 찾아오기를 기다리겠습니다"라는 연설을 했다. 그리고 주일 오후에, 교회의 집사에게 자신이 살아 있을 날이 얼마 남지 않았으니 자신을 위해 기도를 해달라고 부탁했다. 집사의 기도가 끝나자마자, 목사는 이제 세상을 떠날 시간이 다가왔다고 말했다. 하지만 그의 친구들은 그에게서 죽음의 기운이라곤 조금도 찾아볼 수 없었기에, 그 예감은 그저 상상일 뿐이라고만 생각했다. 하지만 목사는 친구들로부터 등을 돌리고는 "천사들이여, 이제 그대들의 일을 하시오"라고 말했고, 바로 그 자리에서 숨을 거두었다고 한다.

칸다하르의 로버츠 경의 글에는 이런 대목이 나온다.

"카불을 떠날 때 나는 카이버 고개까지 갈 예정이었다. 하지만 갑자기 설명할 수 없는 어떤 예감이 나를 스쳤고, 결국 나는 다시 서둘러 카불로 되돌아갔다. 나는 본능적으로 좋지 않은 일이 다가올 것을 예감했던 것이다. 나의 불길한 예감은 적중했다. 카불로 가던 길에 나는 도날드 스튜어트 경 일행을 만났는데, 이들은 말완드에서 버로우스 여단의 아유브 칸에게 패배했으며, 프림로즈 중장은 칸다하르에 포위당해 있다는 놀라운 소식을 전해 왔던 것이다."[23]

링컨 대통령은 생전에 친구에게 어떤 이야기를 들려 준 적이 있다. 그는 자신의 말에 친구가 걱정할 것을 우려하여 반쯤 장난 섞인 말투로 이야기를 했는데, 링컨이 한 말은 다음과 같다.

신화와 미신 그 끝없는 이야기

"1860년의 선거가 막 끝났던 바로 그날 있었던 일이었다네. 그날은 종일 환호성과 축전들로 분주한 하루였지. 지친 몸을 이끌고 집으로 돌아온 나는 방의 긴 의자 위에 몸을 던진 채, 쉬고 있었다네. 내가 누워 있던 반대쪽에는 유리문이 달린 옷장이 하나 있었다네. 그리고 그 유리에는 전신이 비쳐지고 있었지. 그 순간 나는 두 개의 분리된, 하지만 뚜렷한 이미지들을 보았다네. 각각의 얼굴은 코끝과 코끝이 3인치 정도 떨어진 채 겹쳐진 듯한 이미지였다네. 나는 거슬리고 또 놀라기도 해서, 벌떡 일어나 유리를 들여다보았네. 하지만 그 환영은 곧 사라져버렸지. 나는 다시 누웠다네. 그런데 이번에는 그 환영이 이전보다 더 뚜렷이 보이는 게 아니겠나. 유리창에 비친 얼굴 중 하나는 다른 하나보다 더 창백했네. 내가 다시 일어서자 그 환영은 사라져버렸고, 나는 서둘러 그 자리를 뜨고는 그 일을 곧 잊어 버렸지……. 아니 잊었다고 생각했네. 하지만 그 일은 불현듯 다시 떠올랐고 나는 뭔가 좋지 않은 일이 생길 것만 같은 알 수 없는 고통을 느꼈다네. 그날 밤 다시 집으로 왔을 때, 나는 그 일을 아내에게 들려주었네. 그리고 며칠 후 나는 다시 실험을 해 보았지. 그러자 이번에도 '그것'이 다시 나타나더란 말일세. 하지만 막상 아내에게 그걸 보여주려고 했을 때는 유령을 불러 오는 데 실패했다네. 아내는 그것이 내가 재선을 할 '징조'이며 재임 기간에 불길한 일이 생길 거라는 걸 암시한다고 여겼지(실제로 링컨은 대통령에 재선되었으나 이듬해 암살당했다-옮긴이 주)."

이런 사례들은 생각보다 드물지 않다. 수많은 전장에서
죽을 고비를 무수히 넘긴 핸콕(General Hancock, 1824-1886: 미국 육
군 장교로 미국-멕시코 전쟁 및 미국 남북전쟁 등에서 수많은 전투를 치렀
다-옮긴이 주) 장군 역시 죽음의 전조를 끊임없이 느꼈고, 결국에는
그 예감이 그대로 실현되었다. 어느 날, 핸콕 장군은 저녁 식사에 참
석하여 오랜 전우들과 함께 식사를 하던 중, 이것이 마지막 방문이 될
것 같은 예감이 든다고 말하며, 자신이 살아 있을 날이 얼마 남지 않
은 것 같다고 했다. 놀랍게도 그 일이 있고 얼마 지나지 않아 그는 안
타까운 죽음을 맞았다.

전장에 나가기 전에 불행한 전조를 느끼는 것은 남북전쟁 시기 노
병들에게는 매우 흔한 일이었다. 나는 지금까지 이런 사례에 대해 목
격자들로부터 생생한 증언을 들은 적이 매우 많다. 스페인과 전쟁이
있었을 때도 상황은 비슷했다. 여기서 잠깐 남북전쟁 동안 있었던 일
로, 매우 유명한 일화를 하나 소개해 볼까 한다.

"심리학에 관련된 자료를 조사하던 중, 밴크로프트 부인은 '영혼과
의 대화' 혹은 '우연의 일치'에 대한 기묘한 이야기를 세상에 소개했
다. 1863년 7월 2일, 토마스 Y 브렌트 소령의 부인, 유진 번즈 대위
의 부인, 그리고 두 명의 남부 병사의 부인들은 파이에트 카운티에
서 각각 웨딩드레스를 입고 결혼식에 참석했다. 옷을 갈아입던 중 브

신화와 미신 그 끝없는 이야기

렌트 부인의 친구 한 명이 브렌트 부인의 드레스에서 영문을 알 수 없는 핏자국 한 점을 발견하고는 '이건 나쁜 징조임에 틀림없어!'라고 외쳤다. 이틀 후, 브렌트 부인은 건강상 아무 이상이 없는데도 가슴 부근에 극심한 고통을 느꼈다. 이날은 바로 남편의 생일이었다. 그로부터 이틀 후, 브렌트 부인에게 비보가 날아들었다. 브렌트 소령이 1863년 7월 4일, 페더럴 요새를 습격하던 중 전사했다는 소식이었다. 남편이 죽은 날은 브렌트 부인이 가슴에 극심한 통증을 느꼈던 바로 그날이었다. 브렌트 소령은 가슴 부근에 탄환을 맞고 즉사했다고 한다."

또 산 후한 힐(San Juan Hill: 쿠바 동남부에 있는 언덕으로 1898년 미국-스페인 전쟁 때 미군에 점령당했다-옮긴이 주)에서 전투를 겪은 한 훌륭한 장교는 내게 이런 이야기를 들려주었다. 진격을 앞두고 동료 장교 하나가 자신은 이 전투에서 전사할 것 같다며 친척들에게 마지막 인사를 전해 달라고 간청했다고 한다. 그리고 이 사례에서도 역시 그 죽음의 예언은 온전히 실현되었다. 그 장교는 스페인 요새로 용감하게 돌격하다가 총을 맞고 숨을 거두었던 것이다.

미국과 스페인간의 전쟁과 관련하여 널리 알려진 또 다른 이야기가 있는데, 남대서양을 순항하는 랭커스터 호의 한 밴드마스터의 죽음에 관한 이야기가 그것이다. 그 남자는 랭커스터 호가 리우데자네

이루에 잠시 정박한다는 이야기를 듣고 즉시 배에서 내리겠다고 말했다. 이유인즉, 그는 몇 년 전부터 리우데자네이루 항구에서 황열로 죽는 예감을 느꼈기 때문이다. 하지만 그의 요청은 거부당했고, 결국 배는 리우데자네이루의 항구로 들어갔다.

하지만 배가 항구에 들어서자마자 그 밴드마스터는 황열 증세를 보이며 앓아누웠고, 실제로도 그것이 황열임이 밝혀졌다. 그는 바닷가 근처의 병원으로 옮겨졌지만 결국 그곳에서 죽고 말았다. 그 남자와 키스를 했던 다른 밴드 단원 역시 같은 증세를 보였고, 즉시 배에서 옮겨져 치료를 받았지만 그 역시 숨을 거두었다. 보고된 바에 따르면 이러하다.

"리우데자네이루에서 몇 달 동안 황열이 발병한 사례는 이 두 사람의 경우가 유일했다. 황열은 더 이상 퍼지지 않았으며, 밴드마스터 주위 사람들 중 황열에 걸린 사람은 더 이상 나오지 않았다. 배의 승무원들도 모두 건강 상태가 좋았다."

목격자들의 심리 연구를 위한 다양한 기록들을 살펴보면, 유령 혹은 죽거나 죽어가는 친구의 생령이나 혼령을 보았다는 사람들은 헤아릴 수 없을 만큼 많다. 하지만 이러한 현상은 일어날 일에 대한 예언이라기보다는, 이미 일어났던 일을 후술하는 경우가 대부분이다.

그러므로 이들이 '또 다른 눈second sight', 즉, 미래를 보는 능력이 있었다고 보기는 어렵다.

문명의 발전으로 어수룩한 사람들이 미신의 속박으로부터 벗어나긴 했지만, 여전히 많은 사람들은 영혼의 세계가 존재한다고 굳건하게 믿는다. 어느 날 저녁, 미신에 대한 열띤 논의가 이루어지던 중, 대화에 귀를 기울이고 있던 한 남자가 조소 띤 표정으로 다음 사건에 대해서 어떻게 설명할 수 있느냐며 질문을 던져 왔다. 그가 한 말은 이러했다.

우리 조부모님에게는 눈에 넣어도 아프지 않을 톰이라는 아들이 하나 있었지요. 톰은 무슨 일이든 겁 없이 척척 해냈고 사람들은 그가 아주 크게 될 인물이라고 입을 모았습니다. 그가 스물한 살 되던 해, 캘커타로 향하는 아르고 호에 그는 처음으로 승선했습니다. 그런데 아르고 호가 출항한 바로 다음날, 동쪽에서 무시무시한 폭풍이 불어닥쳤습니다. 그 폭풍은 도무지 멈출 기세가 보이지 않았지요.

폭풍은 며칠 동안이나 쉴 새 없이 몰아쳤습니다. 그 배를 탄 가족이나 친구를 둔 사람들은 시간이 지날수록 점점 더 애가 탔지요. 물론 어르신들은 애써 아무렇지도 않은 척하셨지만 말이지요.

아마도 폭풍이 몰아친 지 사흘, 혹은 나흘째 되는 날이었을 겁니다.

정확한 날짜는 기억나질 않지만 그날 할아버지와 할머니는 평소처럼 거실에 앉아 계셨습니다. 할아버지는 성경을 읽는 둥 마는 둥 하셨고, 할머니는 흔들의자에 앉아서 뜨개질을 하고 계셨지만 도통 집중하질 못하셨죠. 두 분 다 내색하지 않으려 애쓰셨지만 불안을 감출 수는 없었지요.

후드득후드득! 굵은 빗방울이 무겁게 창문을 때리고 있었고, 굴뚝에서는 스산한 바람소리가 들려왔습니다. 이따금씩 굴뚝을 통해 거센 바람이 휘몰아칠 때면, 벽난로 불꽃은 '화악'하는 소리와 함께 두 갈래로 갈라지며 더욱 사납게 타오르곤 했습니다. 저 멀리 바다에서 메아리처럼 들려오는 아련한 폭풍우 소리는 할아버지, 할머니를 더욱더 두렵게 만들었지요. 그렇습니다. 그건 바로 엄청난 폭풍우가 몰아쳤던 1817년의 일이었지요.

할아버지, 할머니는 밖에서 들려오는 자그마한 소리도 놓치지 않으려 귀를 기울이며 석상처럼 앉아 계셨습니다. 거센 폭풍우가 한차례 집을 찢어놓을 듯이 흔들어 대자, 할아버지는 안경 너머로 할머니를 슬쩍 훔쳐보셨어요. 물론 말은 한마디도 하지 않으셨지요. 할머니는 순간, 두 손을 무릎 위에 떨구시더니 멍한 표정을 지으셨어요. 그러고 나서는 다시 온힘을 다해 뜨개질을 계속했어요. 마치 그것만이 구원인 양 말이지요.

하지만 할머니는 도저히 감정을 추스를 수 없으셨는지 뜨개질감을

신화와 미신 그 끝없는 이야기

손에 든 채 자리에서 일어나 창가로 걸어가셨어요. 그러고 나서는 커튼을 젖히고 밖을 내다보셨어요. 창밖은 칠흑처럼 어두워서 아무것도 보이지 않았어요. 하지만 할머니는 창가에 우두커니 선 채, 창백해진 얼굴을 젖은 창가에 바짝 대고는 어두운 창밖의 풍경을 자세히 들여다보았어요. 마치 폭풍우에게 아들의 행방을 묻기라도 하는 듯이 말이지요.

별안간 할머니는 낮은 비명을 지르며 창가에서 몸을 떼고 비통한 목소리로 이렇게 말하셨어요.

"오, 하느님 아버지! 톰이 관 속에 있어요! 사람들이 톰의 관을 들고 집으로 오고 있어요!"

그러고 나서 할머니는 마치 그 끔찍한 광경을 보지 않으려는 듯, 두 손으로 얼굴을 덮어버렸어요.

"진정해요, 맨디!"

할아버지가 깜짝 놀라며 외쳤지요.

"어리석은 소릴랑 하지 마시오! 도대체 무슨 말도 안 되는 소리를 하는 거요? 제발, 정신 차려요. 제발 진정하시오."

사랑하는 아들 톰이 싸늘하게 식어서 관 속에 누워 있는 장면을 실제로 할머니가 두 눈으로 똑똑히 보았는지는 아무도 모릅니다. 하지만 할머니는 그것이 일종의 계시라고 생각했습니다. 왜냐하면 톰이 탔던 그 배에서는 결국 아무 소식도 들려오지 않았기 때문입니다.

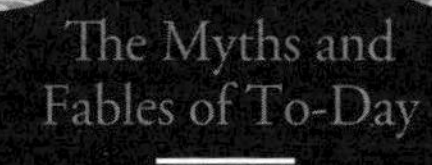

The Myths and
Fables of To-Day

—

PART 12
점지팡이에 관한 미신

점지팡이 divining-rod _ 수맥 등을 찾는 끝이 갈라진 막대기를 말한다 – 옮긴이 주.

자신들을 전문 '탐색자'라 지칭하며 점지팡이를 사용하는 이들이 있다. 이들은 점지팡이로 뉴잉글랜드에서 지하수를 찾는가 하면, 펜실베이니아에서 유전이 있는 곳의 위치를 찾아다니기도 한다. 또 로키산맥에서 숨겨진 광맥을 찾아나서는 이들도 있다. 영국 콘월 지방의 광부들 역시 광맥을 찾기 위해 '다우징 지팡이dowsing-rod'라고 부르는 점지팡이를 오랫동안 활용해 왔다. 다양한 자료들에 따르면, 다른 나라에서도 이와 유사한 관습이 있다고 한다.

인간의 눈에는 보이지 않는 숨겨진 뭔가를 찾기 위한 도구로 가장 흔히 쓰이던 것은, 끝이 갈퀴처럼 갈라진 조록나무witch-hazel 가지였다.[24] 탐색자는 손바닥을 위로 향한 채 갈라진 가지 양끝을 단단히 잡고 물을 찾고자 하는 곳 근처를 천천히 걸어 다닌다. 마침내 물이 있는 장소가 나오면 놀랍게도 나뭇가지 끝이 보이지 않는 힘에 이끌리듯 땅을 향해 구부러진다. 때로는 구부러지는 힘이 너무도 강해서, 탐색자는 나머지 가지 끝을 힘껏 붙들지 않으면 안 되는 상황이 오기도 한다. 그러면 탐색자는 확신에 찬 어조로, "이곳을 파 보시오"라고 말한다.

언뜻 보기에 이러한 행위는 기적에 가깝다. 성경에서도 모세가 지팡이로 바위를 내리쳐서 물이 나오게 하지 않았던가. 아마도 옛날 사람들에게 이러한 행위는 마법이나 매한가지였을 것이다. 하지만 오늘날과 같이 문명화된 사회에서는 더 이상 마법이 통용되지 않는다. 우리는 더 이상 성경에 기록된 것 이외의 기적들을 곧이곧대로 믿지 않는다. 그리고 지적인 사람들은 마법이니, 요술이니 하는 것들은 구닥다리라고 여기며 이를 무시한다.

오늘날 사람들은 한때 우리의 선조들이 기적으로 여기던 것들을 일상적으로 행하고 있다. 뉴욕에서 대서양 너머 런던으로 불과 몇 분 만에 소식을 보낼 수도 있고, 혹은 인간이 거주할 수 있는 가장 먼 곳까지도 즉각적으로 소통할 수 있다. 또 이제 말이나 증기의 도움 없이도, 공적·사적 운송들이 이루어지게 되었다. 이런 것들이 맨 처음 시작되었을 때만 해도 사람들은 이를 기적처럼 신기하게 여겼다. 예컨대 수십 년 전에 보행자들을 위해 거리에 가스램프가 처음 설치되었을 때 사람들은 대단히 경이로워 했지만, 지금은 이를 지극히 당연한 것으로 받아들인다. 물론 우리는 여전히 아는 것보다는 모르는 것이 많다는 것을 잊어서는 안 되겠지만 말이다.

원유나 광맥을 찾는 것도 물을 찾는 방식과 비슷하다. 석유가 묻힌 지역에서 가장 생산성이 높은 석유의 원천들을 찾을 때도 대개 이런 식이다. 때로는 이런 방식으로 땅속에 묻힌 보물을 꽤나 정확히 찾아내기도 한다. 그 신비한 가지를 이용해서 직접 실험해 본 후 효과가 없었다는 이유를 들어, 점지팡이로 원유나 수맥, 광맥 등을 찾는 것을 사기라고 규정짓는 사람들도 있다.

하지만 그것이 진정 사기라면 이렇게 오랫동안 '폭로' 되지 않고 살아남지는 못했을 것이다. 그리고 그것은 사기라고 보기에는 이를 진실이라 주장하고, 긍정하는 목격자들이 너무나 많다.

비록 이제껏 나는 단 한번도 점지팡이로 뭔가를 찾아내는 모습을 직접 본 적은 없지만, 이에 대해 사실 그대로 솔직하게 증언하는 사람들은 종종 만나보았다. 게다가 나는 오늘날 뉴잉글랜드에서 여전히 이러한 작업을 열심히 수행하는 사람들을 몇 명 알고 있다. 그러니 '점지팡이'를 미신으로 분류해야 할지, 그렇지 않을지에 대해서는 좀 더 연구해 볼 가치가 있을 것이다.

오늘날 학자들은 비교 신화 연구를 바탕으로
현대의 미신을 해석하려는
노력을 보이기도 한다!

The Myths and
Fables of To-Day
—

PART 13
자연 현상에 대한 경외

엄청난 폭풍이 불어 닥치거나, 지진이나 일식 혹은 월식이 일어나거나, 혜성이 하늘에 나타나거나 또는 파리, 애벌레, 메뚜기 등이 들끓는 등 자연의 질서가 깨지고 비정상적 현상들이 나타나면, 옛날 사람들은 이것이 재앙이 임박했음을 알리는 전조라고 여겼다.

초기 역사가들은 이런 놀라운 현상들은 명백히 신의 분노 때문이라고 보았으며, 특정 기간 동안 단식을 하거나 기도를 통해서만 신의 분노를 달랠 수 있다고 여겼다. 물론 이에 대한 근거는 모두 성경을 바탕으로 하고 있었고, 옛날 사람들은 감히 성경에 적힌 내용에 대해 의문을 제기하거나 반박할 수 없었다.

예컨대 필립 왕 전쟁(King Philip's War, 1675-1678: 토지 갈등을 둘러

싼 미국 인디언 부족인 왐파노아그 부족과 식민지 주민들 사이에 일어난 전투-옮긴이 주)과 관련하여 인크리스 매더는 오늘날의 관점에서 보면 다소 놀라운 주장을 했다. 그는 "다년의 경험에 의해 입증된 바에 따르면, 대규모의 공적 재난이 일어나기 전에는 거의 예외 없이 그 재난을 예고하는 놀라운 전조가 있었다"라고 적고 있다. 그의 기록에 따르면, 완벽한 형태의 인디언 활이 플리머스 지역의 하늘에 떠올라서 사람들을 공포에 떨게 했다는 것이다. 하지만 그 목사는 영리하게도, 공중에 나타난 인디언의 활을 가리키며, "주님이 곧 저 활과 화살을 꺾으실 것"이라고 해석하며 사람들을 안심시켰다고 한다.

이와 같은 특정 형태의 미신은 세대를 거쳐 다음 세대에까지 전해졌다. 미국에 첫발을 들인 1세대 식민지 주민들은 구대륙에서 오래도록 전해 내려오던 미신도 함께 신대륙으로 들여왔다. 다시 말해 뉴잉글랜드의 선조들 사이에 만연했던 초자연적인 믿음들은 모두 구대륙의 오랜 미신에 그 기원을 두고 있다.

소위 '기이한 현상'이 현실에 커다란 영향력을 미치게 될 것이라 믿는 행태는 다행히도 오늘날에는 다소 잠잠해진 듯하다(단, 혜성이 출현하는 경우는 예외이다). 사실 특정 '전조' 때문에 사회 전체가 끊임없이 두려워하고, 괴로움에 떠는 상황은 생각만 해도 끔찍한 일이다.

옛날 사람들에게는 삶과 죽음은 똑같이 공포의 대상이었다. 죄를 지은 사람은 이 세상에서뿐만 아니라 저세상에서도 처벌을 받았다. 그리고 윌리엄 허버드 목사나 매더 목사 같은 저술가들에 따르면, 그 시대의 뉴잉글랜드는 마치 소돔과 고모라와 마찬가지로 썩을 대로 썩어 있어서 곧 소돔과 고모라와 비슷한 운명을 맞을 터였다.

혜성에 대해 잠시 짚고 넘어가도록 하자. 일반인들은 말할 것도 없고, 매우 이성적인 사람들조차도 여전히 정기적으로 출현하는 혜성에 대해 전율하고 두려워하는 마음을 품는다. 이들은 하늘에서 혜성이 사라지면 그제야 안정을 되찾곤 한다. 사람들은 혜성이라는 이 불가해한 미지의 존재에 마지못해 찬사를 보내긴 하지만, 그 무서운 방문객이 우리 눈앞에서 사라질 때 비로소 안도의 한숨을 내쉰다. 맥베스도 뱅코(유령이 되어 맥베스를 괴롭히는 인물-옮긴이 주)의 유령이 사라진 후에 이렇게 말하지 않았던가.

"이제야 사라졌구나. 사라지기만 하면 난 다시 대장부다."

사실 우리는 과거에도 그랬듯이, 혜성이 파멸을 내리기 위해 나타난 존재라고 여기는 경향이 있다. 그렇다면 자연히 다음과 같은 의문이 떠오른다. 만일 자연의 첫 번째 법칙이 '질서'라면, 어째서 이러한 질서의 이탈자들이 생기는 것일까? 이들의 목적은 도대체 무엇일까? 발밑의 탄탄한 땅이 흔들리고, 바다가 육지 위로 범람하고, 산이 화염을 토해내는 이유는 도대체 무엇이란 말인가? 어째서 거대한 폭풍우는 대규모의 죽음과 파괴를 불러오고, 어째서 하늘에는 거대한 날개를 편 채 불을 내뿜는 혜성이 출현한단 말인가?

"불가사의로 우리의 정신을 뒤흔들어 놓는 저의는 무엇인가?

왜 그런가? 무엇 때문인가? 어떻게 하라는 건가?"

(〈햄릿〉 1막 4장에 나오는 대사 – 옮긴이 주)

반면, 이와는 조금 다른 형태의 믿음도 있다. 즉 폭풍은 인간의 악을 처단하기 위한 하늘의 분노가 아니라, 백성들에게 군주의 죽음을 알리는 포화이거나 혹은 위대한 인물의 죽음을 알리는 신들의 외침과도 같다는 믿음이 그것이다. 시인들과 철학자들은 인간의 삶에서 가장 중요한 순간에 자연이 이에 동조하는 상황을 민감하게 포착해 내곤 한다. 크롬웰이나 나폴레옹이 죽어가는 동안 무시무시한 폭풍우가 휘몰아쳤다는 것은 잘 알려진 이야기다. 그리고 셰익스피어는 줄리어스 시저와 던컨 왕이 살해되기 전에 땅과 대기가 온갖 불길한 전조들을 내비치는 장면들을 묘사하기도 한다.

"폭풍 속의 악마처럼 바쁘다"라는 강렬한 속담이 있

다. 이 속담에서 뱃사람들은 폭풍을 그저 자연 현상이 아니라, 악마의 소행이라 여긴다는 사실을 알 수 있다.

대규모의 가뭄이나 지진, 일식, 범람, 전염병 등이 신의 분노를 직접적으로 보여주는 것이라는 믿음은 이제 잦아들었다. 하지만 일부에서 이런 믿음은 여전히 사라지지 않고 남아 있다. 건조한 서부에 전례 없는 가뭄이 오래도록 지속되면, 사람들은 마치 청교도인 선조들이 250여 년 전에 그러했던 것처럼 주중의 어느 날, 다함께 교회에 모여 비를 내리게 해달라고 머리를 맞대고 기도를 올렸다. 사람들은 긴 가뭄이 끝나기를 바라며 종일 쉬지 않고 기도를 올렸고, 우연하게도 기도를 올린 지 하루가 채 지나지 않아 엄청난 비가 쏟아져 내렸다. 가장 회의적인 사람들조차도 기도를 통해 위안을 얻었다.

1780년 5월 19일, 대낮인데도 매우 어둡고 컴컴했던 어느 날에 대한 기록을 살펴 보자. 사람들은 마침내 심판의 날이 임박했다고 믿고 두려움에 떨었다.[25] 모두의 마음속에 두려움이 안개처럼 만연한 분위기 속에서 평정심을 유지하는 사람은 찾기 힘들었다. 당시 코네티컷 의회가 개정 중이었는데, 의원들은 날이 너무나 어두워 휴정을 선언해야 했다. 지방 의회에서도 상황은 마찬가지였다. 바로 그날, 대번포트 대령은 다음과 같은 역사적인 연설을 남겼다.

"심판의 날이 오고 있을 수도 있고, 그렇지 않을 수도 있습니다. 어쨌든 저는 제 의무를 다하겠습니다. 촛불을 켜십시오."

지금으로부터 약 50여 년 전(1825년 9월), 뉴브런즈윅에서 대규모 산불이 발생했을 때도 사방이 어두컴컴해지는 현상이 나타났다. 이 것이 불길한 전조라는 소문은 삽시간에 퍼져나갔고, 이는 화재로 인 한 대기의 변화 때문이라는 사실이 밝혀지기 전까지 소문은 쉽게 사 그라지지 않았다. 우리가 살펴본 자료에 따르면, 사람들은 기이한 자 연현상이 나타났을 때, 우리 선조들이 그랬던 것처럼 불안해하기는 마찬가지였다.

1881년 9월 6일에도 동일한 현상이 일어나, 뉴잉글랜드와 뉴욕의 수많은 사람들을 두려움에 떨게 했다. 이날은 역사에 '황색 화요일Yel-low Tuesday'로 기록되어 있다. 이날, 어둠이 하루 내내 그 지역을 덮쳤 다. 하늘 전체에 거대한 푸른 불꽃이 타올랐고, 이 불꽃은 점차 진홍 빛 색깔로 변해갔다. 그날 오후 두 시경에는 불빛 없이는 도무지 글을 읽을 수 없을 정도로 사위가 어두웠다. 화이트 마운틴에 있는 어느 호 텔의 일부 종업원들은 겁을 집어먹은 나머지, 일터에 나가는 대신 교 회에 기도를 올리러 갔다.

이러한 자료들을 통해, 자연법칙에서 벗어난 특이한 현상들은 과학 적 설명이나 이론과는 별개로, 고금을 막론하고 인간의 심리에 큰 영 향을 미친다는 사실을 알 수 있다.

물론 모든 사람들이 이런 현상에 영향을 받는 것은

아니다. 하지만 끔찍한 일이 생길 거라며 자기 생각을 그럴듯한 예언인 양 꾸준히 주장한다면, 남의 말을 잘 믿는 다수의 우매한 대중들은 이를 곧이곧대로 받아들이곤 한다. 불과 몇 년 전, 어느 종교 집단이 그리스도의 재림에 대한 예언을 했으나 결과가 맞지 않아 사람들의 비웃음을 산 적이 있다.

하지만 이 종교 집단은 포기하지 않고, 대범하게도 또 다시 그리스도의 두 번째 재림일을 특정하여 예언했다. 또 얼마 전, 어느 캐나다인 예언자는 어마어마한 해일이 덮쳐 두 번째 대홍수가 시작될 것이라는 예언을 했다. 대서양의 모든 해안 지대에 엄청난 물이 밀려와 대도시들을 순식간에 쓸어버린다는 것이다. 또 1899년 11월에 엄청난 유성우와 함께 세계가 멸망할 것이라고 예언한 이도 있다.

이 소식은 곧 뉴잉글랜드 해안 지대에 사는, 착하고 순진하지만 지나치게 남을 잘 믿는 사람들에게 전해졌다. 사람들은 이 끔찍한 예언에 엄청나게 동요하고 공포를 느꼈다. 그 남자의 뜬금없는 예언을 뒷받침할 만한 증거는 전혀 없었는데도 일부 사람들은 그 예언을 곧이곧대로 믿었고, 일부는 반신반의했다. 또 어떤 이들은 마음속으로는 두려워하면서도 그 예언을 대놓고 비웃었다. 아무 근거 없는 밑도 끝도 없는 예언인데도 마을은 이내 공포와 두려움에 휩싸였다. 무시무시한 해일이 닥칠 기미가 보이면 즉시 고지대로 대피하기 위해 실제로 짐을 꾸려 마차에 실어 놓고 만반의 준비를 갖춘 사람도 있었다.

The Myths and
Fables of To-Day

PART 14
꿈에 대한 미신

"꿈은 거짓말이다"라는 프랑스 속담이 있다. 마찬가지로 "꿈은 반대이다"라는 영국 속담도 있다. 즉, 죽은 이에 대한 꿈을 꾸면, 살아 있는 사람의 소식을 듣게 될 거라는 뜻이다. 하지만 꿈이 반대라는 것은 도대체 누가 정한 것일까?

물론 두뇌가 다소 어지럽고 과열된 상태일 때, 예컨대 과식이나 과음을 한 후에 꾼 꿈의 내용을 그대로 믿는 것은 불합리한 일이다. 하지만 정상적인 두뇌 상태에서 습관적으로 꿈을 꾸는 사람들도 있다. 그렇다면 여기서 가장 단순한 질문을 던져 보자.

"꿈이란 과연 무엇일까?"

꿈을 과연 얼마나 믿을 수 있을지에 대해서는 의견이 분분하며, 사람들은 꿈에 대해 자신만의 고유한 해석을 할 자유가 있다. 하지만 때로는 수많은 사람들이 정확히 같은 꿈을 꾸기도 하는데, 바로 이것이 꿈에서 가장 흥미로운 점이 아닐 수 없다. 덕분에 우리는 꿈을 분류하고 분석할 수 있을 뿐만 아니라, 꿈에 대한 특정한 해석을 기록해 놓기도 한다.

그리고 많은 사람들이 이러한 해몽을 제법 진지하게 받아들인다. 물론 우리가 자는 동안 두뇌 속에서 스쳐 지나가는 두서없는 공상을 진지하게 받아들이는 것을 비웃는 이들도 있다.

하지만 꿈에는 여전히 설명할 수 없는 수수께끼들이 많다. 가령 우리는 기억에서 이미 오래전에 사라진 사람들이나 사건에 대해 꿈을 꾸곤 하는데, 그 이유는 여전히 알 수 없다. 그러니 꿈을 믿는 행위를 비웃음의 대상으로만은 볼 수 없을 것이다.

예나 지금이나 사람들은 무수한 꿈을 꾼다. 특히 많은 사람들은 꿈에 예언적 기능이 있다고 여겼고, 성경에 등장하는 예언적 재앙들에 대한 꿈 역시 수 세기 동안 믿었다. 이러한 믿음은 일부 사라지기는 했으나, 여전히 미신을 잘 믿는 사람들의 마음속에 깊이 자리 잡고 있다.

그렇다면 주로 어떤 이들이 꿈의 예언적 기능을 신봉하는 것일까?

그에 대한 답은 주요 책 판매상에서 얻어진 결과를 통해 미루어 짐작할 수 있다. 3,40년 전, 꿈과 관련된 책은 여타 문학작품처럼 취급되어 크고 작은 서점에서 공개적으로 판매되었다. 이러한 '운명의 책'의 주요 구매자들은 대부분 공장에서 일하는 젊은 여성들이나 하녀들이었으며, 이런 책들은 수준 높은 서점 대신 일부 싸구려 잡지 판매대에서 주로 팔렸다. 이런 사실을 통해 여성들이 남성들보다 미신에 더 취약하다는 것을 알 수 있다.

어떤 이들은 엄청나게 많은 꿈을 꾸는 반면, 또 거의 꿈을 꾸지 않는 이들도 있다. 평소에 나쁜 꿈을 거의 꾸지 않던 사람이 유령이나 환영이 나타나는 꿈을 꾸게 되면 쉽게 걱정을 떨쳐내기 힘들다. 이들은 꿈속에서 예언하는 그 불길한 징조를 떨쳐 버리려고 애써 보지만 잘되지 않는다. 또 이들은 '꿈은 반대'라는 진부한 격언 따위는 무시한 채, 어떻게든 그 꿈을 해석해 보려고 머리를 짜내기도 한다.

우리는 종종 "너희 늙은이는 꿈을 꾸며 너희 젊은이는 이상을 볼 것이다(「요엘」 2장 28절에 나오는 말-옮긴이 주)"라는 의미심장한 말을 듣곤 한다. 이런 말들은 언제 어느 때건 폭넓게 적용할 수 있는 수사학적 표현이다. 영혼의 불멸에 대해 읊조리는 햄릿의 유명한 독백에서, 이 음울한 덴마크의 왕자는 자신이 꾼 악몽의 끔찍한 두려움을 고백한다. 그리고 글로스터(리처드 3세를 지칭함-옮긴이 주)는 번민 속에서 "케이츠비 경, 끔찍한 꿈을 꾸었어!"라고 외친다(셰익스피어의 희곡 〈리처드 3세〉에 나오는 대사이다-옮긴이 주). 그러자 케이츠비 경은 그를 타이르듯 이렇게 말한다.

"전하, 꿈일 뿐이옵니다. 두려워 마십시오."

하지만 글로스터는 그의 말을 무시하고 흥분하여 "오늘 밤은 갑옷을 두른 만 명의 군대보다 유령들이 나를 더 괴롭히는구나!"라고 외친다.

우리 선조들은 꿈이 삶과 운명에 영향을 끼친다고 생각하고, 꿈을 매우 중요하게 여겼다. 하지만 꿈은 성경이 뒷받침될 때에 비로소 진실성을 얻었다. 이러한 사실을 보여주는 몇 가지 사례가 있다.

매사추세츠의 도체스터 교회의 신도 몇 명이 면직되어 교회가 분열되었을 때도 "신도들이 꾸었던 예언적인 꿈이나 환영 때문에 이들은 다시 교회를 재편하지 않았다"고 전해진다.

또 어느 자료에 따르면, 새뮤얼 시월은 어느 날 매우 거슬리는 꿈을 꾸었다고 한다. 그는 이 꿈을 어떻게든 해석하기 위해, 치안 판사와 의원과 지주를 불러서 그 꿈에 대해 논의를 했다. 그가 꾼 꿈의 해석

신화와 미신 그 끝없는 이야기

은 이러했다.

"내 자식들은 사라를 빼고 모두 죽을 것이다. 나는 자식들을 돌보지 못한 죄책감과, 자식에게 품었던 희망이 깨어져 버린 탓에 괴로워하고 고통 받게 될 것이다."

그로부터 반세기 후, 우리는 신학자였던 조너선 에드워즈의 아내가 쓴 '사라 피어폰트의 일기와 편지'에서, 손자에 대한 그녀의 예언적 꿈에 대한 기록을 볼 수 있다. 그녀의 손자는 당시 갓난아기였던 애런 버(Aaron Burr, 1756-1836: 미국의 정치가로 토머스 제퍼슨 행정부의 부통령을 지냈다-옮긴이 주)였다. 그녀의 편지 내용은 다음과 같다.

제임스 오빠에게

오빠의 편지는 늘 반가워요. 특히 지난번 편지는 단연 최고였답니다. 뉴어크에서 에스더의 둘째 아들이 태어났다는 소식을 들으셨나요? 아기는 지난 2월 6일에 태어났고, 아이의 이름은 대학 총장인 아이 아빠의 이름을 따서 애런 버 주니어라고 지었답니다. 나는 이 아이가 훗날 아주 훌륭한 인물이 될 거라고 믿어요. 하지만 최근에 다소 불길한 예감이 들어요. 그 아이에게 뭔가 좋지 못한 일이 일어날 거라는 생각을 좀처럼 지울 수가 없답니다.

내가 꿈이나 환상 같은 걸 잘 믿지 않는다는 건 알고 있을 거예요. 하지만 최근에 이 아이의 앞날이 꿈에 자꾸만 나와서 잠을 설친답니다. 꿈속에서 그 아이는 아주 어렸고, 높은 언덕을 오르고 있었어요. 그런데 얼마 지나지 않아, 아이와 함께 걷고 있던 두 사람의 안내자가 차례차례 사라지는 거예요. 혼자 남은 아이 앞에는 넓고 평탄한 길이 나타났어요. 그리고 아이는 친구들을 만났고 그들과 어울렸지요.

때때로 그는 군인을 태우고 하늘을 날아다니기도 하고, 정치가가 되어 다른 이들을 이끌기도 했지요. 그가 언덕 꼭대기에 다다를 때쯤 길은 점점 가파르고 험난해졌어요. 동료들은 더 이상 그를 돕거나 따르기를 거부한 채 하나씩 멀어져 가더군요. 그는 계획이 실패하자 괴로워했고 분노했어요. 자신을 마구 때려댔고 다른 사람들을 가차 없이 끌어내리기도 했지요.

이윽고 그는 언덕의 위험한 절벽에서 미끄러지기 시작했어요. 간신히 발 디딜 곳을 찾았지만, 이내 그 발판마저도 무너져 내리고 말았죠. 마침내 그는 아래로 걷잡을 수 없이 떨어져서 시커멓게 입을 벌리고 있는 검은 구멍 사이로 떨어져 버렸답니다!

저는 괴로움에 몸을 떨며 잠에서 깨어났어요. 이 모든 게 꿈이었다는 사실을 알고 정말이지 다행이다 싶었지요. 요즘 몸이 좋지 않은데다 나라가 뒤숭숭해서 이런 꿈을 꿨나 봐요. 오늘 애런의 엄마한테서 편지를 받았는데, 꼬마 애런은 아주 씩씩하고 재잘재잘 말도 잘해서 너무나 기쁘고 자랑스러운 아이라고 합니다.

1756년 5월 10일

스톡브릿지에서

사랑하는 동생, 사라로부터.

신화와 미신 그 끝없는 이야기

'그저 꿈일 뿐'이었던 그 밤의 환상은 슬프게도 현실로 나타났다. 아이가 태어난 지 불과 2년 만에 두 '안내자'가 사라졌던 것이다. 애런 버의 아버지는 1757년, 어머니는 이듬해인 1758년에 숨을 거두었다.

꿈에 대해 떠오르는 이야기가 또 하나 있다. 몬터레이의 시장이었던 월터 콜턴Walter Colton은 1849년에 금을 찾은 놀라운 이야기를 들려준 적이 있다. 그는 특정 장소에서 금을 발견하는 꿈을 꾼 이후 그 꿈을 믿고 끊임없이 꿈속의 그 장소를 찾아 헤맸고, 마침내 그곳에서 금을 발견했다고 한다.

꿈과 관련하여 이와 유사한 증언은 산더미처럼 많다. 그중 하나를 더 소개해 보겠다. 『인도에서의 41년Forty-one Years in India』의 저자인 로버츠 경은 아버지와 다음과 같은 대화를 나누었다고 한다.

"우리 아버지가 떠나기 전에, 나로서는 도저히 설명할 수 없는 어떤 사건이 하나 있었다. 아마 심리학을 연구하는 학생이 있다면 이 일에 대해 설명을 해줄 수 있을지도 모르겠다. 내 아버지는 1853년 10월 17일 월요일에 사람들을 초대하여 댄스파티를 열 예정이었다. 그런데 토요일 아침, 아버지에게서는 평소의 밝고 명랑한 모습은 조금도 찾아볼 수 없었고, 대신 불안하고 초조한 기색이 역력했다. 아버지께 넌지시 이유를 묻자, 아버지는 지난밤에 기분 나쁜 꿈을 꾸었기 때문이라고 대답하셨다. 아버지는 예전에도 비슷한 꿈을 꾼 적이 있는데, 그때마다 가족이나 친척이 죽는 일이 생겼다는 것이다. 나는 아버지의 기운을 풀어주려고 애를 써보았지만 아버지는 점점 더 우울해하셨고, 심지어 댄스파티를 연기해야 한다고 말씀하셨다. 하지만 나는 아버지를 설득하여 예정대로 일정을 진행하기로 했다. 그날 밤, 아버지는 또다시 똑같은 꿈을 꾸었고, 다음날 아침이 되자 댄스파티를 반드시 연기해야만 한다고 고집을 부리셨다. 고작 꿈 때문에 친구들을 실망시키는 것은 말도 안 된다고 생각했지만, 결국 아버지의 고집을 꺾을 수는 없었다. 그리하여 나는 손님들에게 댄스파티를 연기한다고 알리는 편지를 보냈다. 그리고 놀랍게도 다음날 아침에 나는 내 이복누이가 라호르에서 갑작스럽게 죽었다는 소식을 받았다!"

배가 난파되는 꿈을 연이어 세 번 꾼 이후, 곧바로 그 배에서 도망친 선원도 있다. 이 사건에 대해 알고 있는 사람들이 내게 해준 이야기에 따르면, 그 선원이 도망친 후 배는 출항 하루 만에 실제로 난파되었고, 배에 타고 있던 사람들은 모두 물에 빠져 죽고 말았다. 결과적으로 배에서 도망친 선원은 그 꿈 때문에 목숨을 구한 셈이었고, 이 사건은 사람들에게 깊은 인상을 남겼다.

어느 작가[26]는 이 일화를 마치 뱃사람의 경험담을 직접 듣는 듯한 생생한 필체로 남겼고, 그의 이야기는 회의론자에 대항하여, '모든 일

에는 조짐이 있다'라는 사실을 보여주는 실례로써 여전히 인용되곤
한다.

뛰어난 배우이자 극작가인 리처드 맨스필드Richard Mansfield는 자신
이 겪은 어느 이상한 사건에 대한 인터뷰를 한 적이 있다. 저명한 사
람의 증언은 더 믿을만하기에, 그의 사례는 더욱 각별하며 이 사건은
그의 이력에서 매우 흥미로운 부분이기도 하다.

맨스필드는 도일리 카트 사(Mr. D'Oyley Carte's company: 당시 유명
한 오페라 회사-옮긴이 주)에서 퇴출당한 후, 한치 앞을 내다볼 수 없는
상황에 내몰리게 되었다. 런던의 초라한 여관에 도착한 그는 이내 자
포자기 상태에 빠졌고 우울한 예감이 그를 덮쳤다. 그의 이야기를 그
대로 옮겨 보자면 이러하다.

그 이상한 일이 일어나기 전, 모든 것이 불확실하고 우울했습니다.
나는 아무런 희망도 없이 잠을 청했고, 쉴 새 없이 꿈을 꾸는 바람에
제대로 잠을 이룰 수 없었습니다. 헌데 다음날 아침에 마치 환상과도
같은 일이 일어났지요. 비몽사몽 하던 중 문 앞에서 급하게 마차가 멈
추는 소리를 들었습니다. 이윽고 노크소리가 들려왔지요. 나는 꿈속
에서 문을 열었습니다. 그러자 문 앞에는 도일리 카트 사의 금발의 비
서가 서 있었습니다. 그는 이렇게 외치더군요.

“지금 당장 짐을 싸서 십 분 내로 기차를 타고 가서 회사에 합류하실 수 있겠습니까?”

“그렇게 하지요.”

나는 꿈속에서 이렇게 대답했습니다. 나는 부랴부랴 짐을 챙겼고, 우리는 마차를 타고 역으로 갔습니다.

이건 모두 꿈이었지요. 하지만 이 꿈은 너무나 생생해서 나는 낯설고 기괴한 느낌과 함께 잠에서 깨었지요. 그때 시각은 여섯 시경이었습니다. 휑하고 우울한 분위기의 방 안의 모습이 눈앞에 보였습니다. 의자 위에는 여행 가방이 놓여 있었지요. 순간 나는 머리라도 한 대 얻어맞은 듯이 급히 짐을 꾸리기 시작했습니다. 그리고 이내 세수를 하고 옷매무새를 가다듬었지요. 그런 후에 가만히 앉아서 생각에 잠겼습니다.

그때, 마차가 덜컹거리는 소리가 들려오더니 누군가가 내 방문을 두드렸습니다. 방문을 열자 꿈에서 본 것처럼 도일리 카트 사의 비서가 서 있는 게 아니겠습니까? 그는 당황한 얼굴로 이렇게 말했습니다.

“지금 당장 짐을 싸서 십 분 내로 기차를 타고 가서 회사에 합류하실 수 있겠습니까?”

“그렇게 하지요.”

나는 차분하게 대답했습니다. 그리고 가방을 가리키며 말했지요.

“준비는 다되어 있습니다. 당신이 오기를 기다리고 있었거든요.”

신화와 미신 그 끝없는 이야기

내 말에 그는 다소 놀란 듯했습니다. 하지만 큰 동요 없이 나를 마차에 태웠지요. 그리고 우리는 꿈속에서 보았던 바로 그 역으로 서둘러 갔습니다. 그리고 나서 나는 도일리 카트 사와 장기 계약을 맺었지요. 비록 그 뒤로 몇 차례 어려움을 겪긴 했지만, 바로 그 순간이 내 삶의 전환점이었답니다.

앞에서도 말했다시피 어떻게 그런 일이 내게 일어났는지는 도무지 알 길이 없습니다. 제가 아는 건, 어떤 꿈을 꾼 이후에 정확히 그 꿈에서 있었던 일이 그대로 실현되었다는 것뿐이지요. 저는 미신을 믿는 사람도 아니고, 그 사건에 대해 정신분석학적으로 설명할 길도 없습니다. 제가 아는 거라곤 그저 그 일이 제게 일어났다는 것뿐입니다.

꿈에 숨겨진 의미에 대해 기술한 책은 많다. 그리고 해몽에 대한 나름의 장르도 있으니, 이 책에서 자세한 언급은 하지 않겠다. 이 책에서는 그저 널리 알려진 꿈의 해석 일부분만 언급하겠다.

꿈에 흰 말이 나오면 가족 중 누군가가 죽게 될 것이다.

장례식에 대한 꿈을 꾸면, 얼마 지나지 않아 누군가의 결혼식에 참석할 것이다.

치아가 빠지는 꿈을 꾸면 슬픈 일이 생길 징조이다.

뱀이 나오는 꿈은 당신에게 적이 있다는 의미이다.

시신을 만지면 꿈을 꾸지 않을 것이다.

사흘 동안 같은 꿈을 연속해서 꾸면, 그 일이 실제로 일어날 것이다.

미혼 여성이 결혼 케이크 조각을 베개 밑에 넣고 자면, 미래의 남편
에 대한 꿈을 꿀 것이다.

나폴레옹은 상상력만 있다면
전 우주를 지배할 수 있다고 말했다!

The Myths and
Fables of To-Day
—

PART 15
점, 점성술, 손금

“그녀에게 미래를 물어 보자.
그녀는 나의 자비를 구하며,
어서 누이를 구하라고 말했습니다.”
-토마스 오트웨이(Thomas Otway, 1652-1685: 영국의 극작가-옮긴이 주)

다수의 대중들이 너무나 자연스럽게 받아들이는 탓에 쉽게 사라지지 않는 미신들이 있는데, 바로 점이나, 점성술, 손금 등이 그렇다. 물론 주변의 점쟁이나 점성술사, 손금쟁이들의 존재를 무시하며 사는 사람들도 있지만, 점이나, 점성술, 손금 등은 대부분 지역 사회의 일상에 너무나 밀접하게 맞닿아 있기에, 딱히 논란거리조차 되지 못하는 실정이다.

점이나 점성술, 손금 등은 이 대도시에서 어리숙하고 마음 약한 사람들을 현혹시키며 버젓이, 그리고 놀라운 규모를 자랑하며 활황을 누리고 있다. 주위를 둘러보면 사람들을 현혹하는 영리한 돌팔이들을 도처에서 확인할 수 있을 것이다. 신문에 실린 운세나 점성술, 손금 등에 대한 칼럼을 보기만 해도, 이러한 것들이 오늘날의 합리적 사고방식과 회의론의 요새 속에서도 얼마나 꿋꿋하게 살아남아 있는지 확인할 수 있을 것이다.

각종 축제나 사교모임에서도 그저 재미로든 혹은 기금을 모으는 수단으로든 점이나 손금을 봐주는 행사가 있을 정도이다. 물론 마음이 약해서 차마 거절하지 못하는 선량한 사람들이 그 희생양이 되기 일쑤이다.

심지어 행사에서 굳이 그 사람의 운을 직접 말해주는 수고를 할 필요도 없다. 그저 선착순으로 원하는 이들에게 차례차례 '운세'가 인쇄된 카드를 나누어 주면 그만이다. 카드를 받은 희생자는 내심 마음을 졸이며, 구석으로 가서 슬그머니 카드에 적힌 글귀를 읽게 될 것이다. 카드의 운세는 대개 '지금까지 막혔던 운이 곧 펴지리라'라는 두루뭉술한 문장으로 이루어져 있다. 그리고 이 운세를 읽은 사람은 그 대가로 돈을 지불하게 된다.

동전을 넣으면 운세를 알려 주는 기계 역시 공공장소에서 많이 볼 수 있다. 이 기계는 좋은 운세와 함께 다소 불쾌하거나 혹은 경고성 예언들도 섞여 있도록 정밀하게 설정되어 있어, 제법 꾸준한 인기를 얻고 있다. 물론 이 기계에서 알려주는 예언들은 다소 모호하고 중의적인 내용이 많아서 전통적인 예언의 개념과는 다소 다르다. 예컨대, 운세를 알려 주는 기계에서 나오는 예언은 '큰 부자가 되지는 못하겠지만, 부족함 없이 살 것이다'라는 식이다.

　여름 휴가지에서 점을 보는 행위는 꽤나 인기가 있다. 그래서 인디언 여성 점쟁이들에게 쏠쏠한 수익을 안겨 준다. 찾아오는 손님들은 주로 '재미삼아' 점을 보러 오는 젊은 여성들이 많다. 집시 무리들에게도 점을 보는 행위는 괜찮은 사업 수단이다. 이들은 점을 보러 오는 사람들의 눈의 색깔, 손톱이나 눈썹의 길이와 넓이를 통해 고객의 성격과 미래를 알려주곤 한다.

　사교 모임에서는 차茶의 찌꺼기를 보고 점을 치기도 한다.

"차와 추문은

보이지 않는 힘으로,

서로 연결되어 있다."

　차로 점을 치는 방법은 이러하다. 차를 마신 후 찻물을 약간 남긴 채 빙글빙글 돌리면 차의 찌꺼기가 찻잔 벽에 붙게 된다. 여주인은 이렇게 찻잔을 세 번 돌리고 주문을 외운 후, 찻잔을 뒤집어엎어 그 찌꺼기의 모양에 따라 참석한 사람의 운세를 말해 준다.

점을 보는 행위는 시간이 지나면서 많은 변화를 겪었다. 오늘날의 점쟁이는 더 이상 험준한 바위 사이의 구불구불한 길을 따라가야만 도달할 수 있는 음침한 굴속이나, 혹은 습한 해초로 뒤덮인 구덩이 속에 살지 않으며, 알 수 없는 기괴한 언어를 읊조리거나 누더기를 걸친 행색을 하고 있지 않는다.

대신 오늘날의 점쟁이들은 늘 최신 유행의 옷을 차려입고, 번화가의 목 좋은 화려한 아파트나 품위 있는 시내의 호텔, 혹은 마을의 고급 주거지에 살고 있는 경우가 대부분이다. 또 이들을 찾아오는 고객은 천하거나 무식한 사람들보다는 중류 계급 이상의 사람들이 많다. 고객과의 상담은 사적으로 이루어지기 때문에, 고객들은 점쟁이와의 만남을 딱히 두려워하거나 자신의 신분을 애써 숨길 필요도 없다.

점쟁이에게 찾아오는 사람들이 상담하는 내용 중 가장 비중이 높은 것은 연애운과 금전운에 관한 것이다. 조간지의 광고란을 살펴보면, 사람들이 가장 많이 관심을 가지는 운세가 무엇인지 짐작할 수 있다. 조간지에서 흔히 찾아볼 수 있는 광고의 사례는 이러하다.

"사업과 가정사, 혹은 연애운이 궁금하신가요? 그렇다면 ○○○ 여사를 찾으세요. 고민을 해결해 드립니다."

혹은 자신을 '박사'라고 칭하는 어느 점성술사는 성별과 태어난 날짜와 시간 등에 대한 상세한 설명을 적어 보낼 것을 종용하기도 한다. 점성술사에게 가면 모든 문제가 단순해진다. 그는 고객의 별자리를 바탕으로 구구절절한 해석을 내놓을 것이다.

그 외에 일종의 '신들린' 상태에서 고객의 '미래의 남편이나 부인의 이름'을 말해주거나, 고객의 운세를 줄줄이 읊어주는 사람도 있다. 또 자신의 능력을 과시하고 극찬하며 온갖 사기술로 순진한 사람들을 현혹한 후에, 자신의 능력은 '진짜'이며 '짝퉁'을 조심하라고 경고하는 이들도 있다.

미국 전역에서 점쟁이나 점성술사 등을 직업으로 삼고 있는 사람들은 회의적으로 본다 하더라도 그 수가 제법 많다. 그리고 이런 형태의 미신들이 매우 성행하고 있다는 사실을 알 수 있다. 오늘날 점을 보러 가는 사람들은 그저 고대의 신탁 같은 애매하고 추상적이며 일반론적인 예언에 만족하지 않는다. 이들은 보다 충분하고 구체적인 예언을 요구한다.

1800년대 초에 이름을 널리 알린 성공적인 점쟁이로는, 매사추세츠의 린에서 활동하던 몰 피처_{Moll Pitcher}를 꼽을 수 있을 것이다. 언제나 그녀를 찾아가 항해의 운세를 묻곤 했던 선주들과 선원들 덕분에 그녀의 명성은 바다 건너까지 널리 알려졌다. 그녀의 은신처에는 종종 지체 높은 사람들이 변장을 한 채 밤에 조용히 찾아와 비밀스레 미래에 대한 조언을 구하기도 했다.[27]

이 점쟁이가 매우 용하다는 소문과 함께 놀라운 이야기들이 널리 퍼져나갔고, 그녀의 이야기는 시인인 휘티어의 잘 알려지지 않은 시의 주제가 되기도 했다. 또 그녀는 월터 스콧(Walter Scott, 1771-1832: 영국의 시인이자 작가-옮긴이 주) 경의 〈가이 매너링Guy Mannering〉의 희곡에 등장하는 메그 메릴리즈라는 인물의 모티브가 되기도 했다.

예나 지금이나 점성술사들은 점성술이 논쟁의 여지가 없는 사실이며, 정해진 원리에 따르는 것이기에 그 중요성이 매우 크다고 주장해 왔다. 과거에 궁중의 점성술사는 궁중 의원만큼이나 중요한 조언자 역할을 했다. 비록 오늘날의 점성술사들은 법적으로 그 신분을 인정받지 못하고 떠돌이나 돌팔이 취급을 받는 신세로 전락했지만, 그럼에도 불구하고 이들은 여전히 사회에 섞여들어 어느 정도 활발한 활동을 하고 있다. 심지어 이들은 '스핑크스'라는 점성술사 조직까지 갖추고 있다.

신체 중에서도 유독 손을 집중해서 보고 그 사람의 운명을 점치는 것을 손금 보기Palmistry라 한다. 그 방법은 예나 지금이나 큰 차이는 없다. 손금술사들은 고객의 전반적인 모습과, 특히 손의 모양을 세심하게 살펴 본 후 그 사람의 운명을 점치곤 한다.

이들이 예언을 할 때는, 일단 '뭔가 문제가 있군요'라는 식의, 과거에 대한 진부하고 뻔한 말들을 한 후에 미래의 일을 알려주는 방식으

신화와 미신 그 끝없는 이야기

로 진행된다. 손금술사들은 손금을 보는 행위를 골상학이나 관상학과 관련을 짓곤 한다.

손금술사들은 지역 곳곳에서 사람들에게 손금을 봐주며 생계를 꾸리고 있다. 사적으로 행해지는 행위까지 모두 합하면 그 수가 얼마나 될지 정확히 알 수는 없다. 하지만 제법 많은 손금술사들이 활동하고 있는 것으로 추정된다. 이따금씩 이들은 놀라운 추측을 내놓기도 하지만, 그저 '추측'만 할 뿐 제대로 된 예측을 한다고 보기는 힘들 것이다.

1   『L'Inconnu et les Problems Psychiques』

2   월링턴Wallington, 『Historical Notices, Reign of Charles I』

3   Chap. 15, 32 v.

4   성촉절Candlemas Day(2월 2일)은 로마 가톨릭교의 축일로, 성모 마리아의 순결을 기념하는 날이다. 이날은 많은 촛불을 밝히고 시메온의 노래 〈주여, 이제는 말씀하신 대로〉(Nunc dimittis: 루까 2, 25~35)를 부른다. "촛불을 밝히고 교인들을 위로하는" 날이라는 의미에서 성촉절Candlemas이라는 이름이 붙여졌다. 1548년, 에드워드 4세는 교회에 촛불을 켜는 관습을 금지하기도 했다.

5   불길한 징조에 대해서는 뒤에서 더 다룰 것이다.

6   흰색과 보라색이 섞인 꼬리조팝나무 속의 식물.

7   코피에 관련된 사악한 징조는 9장을 참고할 것.

8   해덕의 검은 반점은 성 베드로가 그 물고기를 잡아 거기서 세금으로 낼 돈을 꺼낼 때(『마태복음』 17:26~27), 베드로의 엄지손가락이 찍힌 것이라는 믿음이 널리 전해진다.

9   태아가 얼굴에 양막(포유류의 태아를 싼 반투명의 얇은 막)을 덮어쓴 채로 태어나면 행운이 있다고 여겼다. 프랑스에서는 "양막이 덮힌 아이être né coif-fée signifies"는 매우 운이 좋은 사람을 의미한다. 양막처럼 머리에 딱 달라붙는 모자인 카울은 익사를 예방해준다고 여겨져 신문에서는 이를 내세워 카울에 대한 광고를 하기도 하고, 주로 뱃사람들이 구매한다. 만일 변호사가

카울을 구매하면, 키케로나 데모스테네스처럼 달변가가 될 수 있다고 광고
하기도 한다.

10 에드워드 윈슬로Edward Winslow는 플리머스의 죄수로 끌려와 새로 지은 요
새에 감금된 어느 인디언에 대해 이 단어를 썼다.
"그 인디언은 사슬에 감겨 감시 하에 그곳에 갇혔다. 그것이 바로 우리 요
새의 첫날을 기념하는 마수걸이였다."
-윈슬로Winslow 『Relation』 중에서.

11 Coxe.

12 신발을 던지는 풍습은 8장 결혼에 관련된 미신을 참고할 것.

13 다른 장에서 시적 언급을 참조할 것.

14 Boston Transcript, February 13, 1899.

15 『Farmer and Moore's Collections』, i., 136.

16 또 다른 참고 자료에 따르면 이런 미신도 있다. 결혼하지 않은 여자가 하지
전날 금식을 한 후에, 그날 밤 자정에 깨끗한 천 위에 빵과 치즈, 그리고 에
일을 차려 놓고(이때, 대문을 열어 두어야 한다) 이것을 먹으려 하면, 결혼할
남자가 방으로 들어와 그녀에게 인사를 하고 빈 잔을 채워 준 후에 또다시
인사를 하고 나갈 것이다.

17 코퍼Copper의 『Spy』를 참조할 것.

18 Quetelet의 확률 계산on the calculation of probabilities.

19 메이 마틴May Martin은 죽은 아이의 얼굴에서 흐르는 신선한 피를 만지고는
"그녀가 고백했다"라고 말했다.

20 자세한 내용은 『New England Legends』을 참고할 것.

21 펠트Felt의 『Annals of Ipswich』의 내용을 참고.

22 코튼 매더Cotten Mather 의 『More Wonders』의 내용을 참고할 것.

23 『Forty-one Years in India』

24 사과나무 가지가 쓰이기도 했다.

25 「요엘」 2장 10절과 「마태복음」 24장 29절 "환난 후에 해가 어두워지고 달
    이 빛을 내지 않을 것이다" 참조.

26 『Nooks and Corners of the New England Coast』

27 자세한 내용은 『New England Legends and Folk-Lore』의 내용을 참고할 것.

'미신'이라는 오랜 상상력의 보물창고를 뒤지며

'미신superstition'이라고 하면 대부분의 사람들은 긍정적인 면보다는 부정적인 면을 먼저 떠올릴 것이다. 누군가에 대해 '미신적'이라고 지칭할 때, 이는 그 사람이 '불합리하고 비이성적이며 터무니없는 것을 믿는, 어리석고 시대에 뒤떨어진 사람'이라는 뜻일 경우가 많기 때문에, 대부분의 사람들은 그 말을 달가워하지 않을 것이다. 심지어 미신을 잘 믿는 사람들조차도 본인이 미신적이라는 말을 들으면 발끈하기도 한다.

사실상 인류는 오랫동안 '미신'에 발목을 잡힌 채 살아 왔다. 과학과 이성이 판단의 잣대가 되기 이전에, 과거 오랜 기간 동안 사람들은 온갖 자연 현상과 사소한 일상의 행위 하나하나에 '미신'을 끌어들였고, 그에 따라 인류는 온갖 미신적 규제 속에서 정신과 행동이 꽁꽁

옭아 매인 채 긴 시간을 살아야 했다. 사람들은 미신의 지배하에, 해야 하는 행동과 해서는 안 되는 행동들의 기나긴 목록들을 지켜야 했고, 사소한 행동들에도 심리적으로나 물리적으로 제약을 받았다.

단적인 예로, 옛날 사람들은 실수로 소금을 엎기라도 하면 불운이 찾아올까 전전긍긍해야 했고, 그 액땜으로 소금 세 줌을 집어 어깨 뒤로 던지는 우스꽝스러운 행동을 하기도 했다. 또 악마와 마녀들이 찾아올 것을 우려하여, 이를 막아주는 여러 가지 부적(편자나 밀짚, 나뭇가지 등)을 집안 곳곳에 두었으며, 특정 기간에는 액운을 막기 위해 음식이나 행동을 제약해야 했다. 또 자연이나 신이 인간에게 지진이나 홍수 등 각종 재난을 내릴 것을 두려워하며 끊임없이 제사를 지내기도 했다. 한마디로 과거의 사람들에게 미신은 사람들의 행동 하나하나를 제약하는 보이지 않는 사슬이나 매한가지였을 것이다.

감성이 메마른 현대 사회에서
미신을 바라보는 또 다른 시선의 의미를 찾다

과학과 이성의 비중이 커지면서, 사람들의 심신을 옭아매던 미신으로부터 인류가 자유로워진 것은 분명 두 손 들고 환영할 만한 일이다. 미신의 부정적인 면에 주목한다면, 한때 사람들의 몸과 마음을 지배

하던 이 과거의 망령과도 같은 미신의 잔재를 이참에 완전히 뿌리 뽑
고 몰아내야 마땅한 것이라 여길 수도 있다.

하지만 과연 그럴까? 정녕 미신은 이제 더 이상 인류에게 아무런
도움도 되지 못하는, 아니 오히려 인류의 진보를 가로막는 몹쓸 과거
의 잔재일 뿐일까?

여기에 대해서는 미신을 바라보는 시각을 조금 달리해 볼 여지가
있다. 미신을 '근절해야 할 패악'으로 보는 대신, 인류가 만들어낸 거
대한 '상상력의 보물창고'라고 생각해 보는 것이다. 미신은 인간의 역
사가 기록되기 훨씬 이전부터 인류의 마음속에 자리 잡았으며, 인류
와 함께 성장했고, 말에서 말로, 혹은 글로 전해지며 더욱더 다양하고
풍성해졌다.

미신 속에는 인류가 걸어온 역사의 흔적과 옛날 사람들의 사고방
식과 생활 방식 등이 고스란히 담겨 있다. 미신을 맹신하거나 혹은 무
시하는 대신, 이를 인류가 일구어낸 귀중한 역사적 사료이자, 이 시대
의 감성을 자극하는 소재로써 누구나 마음껏 활용할 수 있는 소중한
보물창고로 여긴다면, 미신을 보는 태도는 완전히 달라질 것이다.

사실상 오늘날 사람들은 과거 어느 때보다 '감성'에 목말라 있다.
과학 기술이 발달할수록, 냉정함과 신속 정확함, 그리고 객관성을 강
조하는 사회일수록 사람들은 그 어느 때보다 '감성'에 집착하게 되는
것 같다. 당장 주위를 살펴보아도 최첨단 기기인 스마트폰으로 '감성'

적인 사진을 찍고, '감성'을 자극하는 노랫가락에 열광하며, 아날로그와 빈티지, 그리고 자연적인 것들을 갈구하는 현대인들의 모습을 쉽게 찾아볼 수 있다. 오늘날 많은 사람들이 갈구하는 미래의 모습은 과거에 흔히 상상했던 '멋진 신세계' 같은 SF적인 최첨단 미래 도시가 아니라, 오히려 보다 자연적이고 인간적이며 감성적인 세상일 것이다.

하지만 이렇게 '감성'에 목마른 현대인들에게 '감성'을 자극할 만한 이야깃거리는 자칫 빈곤해지기 쉽다. 그리고 바로 그럴 때일수록, 인류가 기나긴 시간동안 일구어 온 미신이라는 거대한 보물창고가 빛을 발할 수 있는 기회가 아닐까. 그러고 보니 문득 이 책에 수록된 미신 중 '달'에 대한 미신이 떠오른다.

옛날 사람들은 오른쪽 어깨 위에 초승달이 떠 있으면, 이를 '행운의 징조'라 여겼다고 한다. 보름달의 형태가 희미하게 비치는 초승달 역시 '보름달을 안은 초승달'이라고 부르며 행운의 상징으로 여겼다. 또 초승달이 보트처럼 누워 있다면, 초승달이 하늘에서 내리는 빗물을 받아 주기 때문에 지상에는 비가 내리지 않을 것이라 생각했다. 이런 생각들은 다소 유치해 보이긴 하지만, 우리의 감성을 자극하고 절로 입가에 웃음을 떠올리게 만드는 매력이 있다.

또 개암나무 열매에 사랑하는 사람의 이름을 붙이고 불에 태우며 사랑이 이어지기를 기원하는 오래된 스코틀랜드의 풍습이나, 사과 껍질을 길게 깎아서 던져서 나타나는 알파벳 모양을 보고 결혼할 사람의 이름을 추측하기도 하고, 소금을 먹은 후 잠을 잔 후 꿈속에서 물을 갖다 주는 남자와 결혼을 하게 될 거라는 등의 소소한 미신 역시 제법 풋풋하고 낭만적이기도 하다.

이처럼 옛날부터 전해 내려오는 오래된 미신들은 완전히 사라지기 전에 '발굴'되고 또 '기록'되어 오늘날의 이야깃거리나 문학, 연극, 노랫가락의 소재가 되어 빈곤해진 감성을 풍성하게 채울 수 있다면, 소소하지만 새롭고 감동적인 순간을 선사해 줄 수 있지 않을까?

셰익스피어나 조지 앨리엇 등
문학 속에 스며든 미신들도 소개해 품격을 높이다

이 책은 미신을 주제별로 분류하여 각각의 주제에 해당하는 다양한 미신들을 소개하고 있다. 어린 시절의 전래 동화나 동요, 놀이 등에 등장하는 미신에서부터 날씨, 결혼, 보석, 불운, 건강, 자연, 유령이나 악마, 꿈, 점이나 점성술 및 손금 등을 다룸으로써 쉽게 찾아볼 수 있도록 정리해 놓았다.

이 책에 담긴 미신들 중에는 13일의 금요일이나 숫자 3과 관련된 것 등 오늘날에도 잘 알려진 미신들도 있지만, 우리에게는 매우 신선

하고 낯선 것들도 많다. 어처구니없고 황당한 미신들도 있고, 때로는 등골을 서늘하게 하는 미신들도 있으며, 위에서 언급했다시피 제법 낭만적이고 서정적인 미신들도 많다.

하지만 무엇보다 이 책의 가장 큰 매력을 꼽으라면, 이 책은 미신과 일화들을 그저 분류하고 소개하는 데서 그치지 않고, 셰익스피어나 로버트 번즈, 새뮤얼 버틀러, 로버트 헤릭, 조지 엘리엇 등 영미 문학 속에 스며든 미신들을 발굴하여 소개함으로써 책의 품격을 높였다는 점이다.

덕분에 독자들은 셰익스피어의 작품 곳곳에 숨어 있는 명문장은 물론이요, 지방색을 잘 담아냈다는 평가를 받는 로버트 번즈의 낭만적인 서정시, 그리고 기발한 풍자로 가득한 새뮤얼 버틀러의 풍자시를 만날 수 있다.

이 책을 번역하는 일은, 낡고 빛이 바랬지만 가치 있고 흥미로운 책들이 켜켜이 쌓인 어느 오래된 서가를 뒤지는 기분이었다. 비록 그다지 길지 않은 단 한 권의 책을 번역하는 작업이었지만, 이 책 속에 나오는 낯선 이름과 지명들, 그리고 그에 얽힌 온갖 일화들을 따라가다 보면 수많은 과거의 자료들과 마주칠 수밖에 없었다.

식민지 시대의 미국의 역사와 마녀재판 사례에서부터, 오래된 스코틀랜드의 방언을 조사해야 하는가 하면, 각종 보석에 얽힌 일화나 시, 그리고 지금까지 들어 본 적도 없던 약초나 꽃에 대한 오래된 자료들,

성경과 이스라엘의 풍습, 또 19세기 후반 제국주의 시절에 있었던 시시콜콜한 해전들과, 심지어는 100여 년 전 유람선의 항해 일지와 사고 현황까지 뒤져보기도 했다.

비록 이 책이 쓰인 1900년과는 한참이나 동떨어진 시대를 살고 다른 언어를 쓰는 입장에서, 영미권의 역사와 문화 등이 담긴 방대한 과거의 자료들을 찾고 옮기는 일은 그리 녹록치만은 않았지만, 되돌아보면 흥미롭고도 낭만적인 여정이 아니었나 싶다.

과거와 달리, 우리는 더 이상 미신의 노예가 아니다. 이 오래된 책 속에 담긴 이야기들이 독자에게 흥미로운 읽을거리이자 유용하게 써먹을 수 있는 소재로 자유롭게 인용된다면, 혹은 어떤 식으로든 독자들에게 보탬이 될 수 있다면 역자로서 더 이상 즐거운 일이 없을 것 같다.

2017년 8월
윤경미

신화와 미신
그 끝없는 이야기

초 판 1쇄 인쇄 | 2017년 8월 10일
초 판 1쇄 발행 | 2017년 8월 18일

지은이 | 새뮤얼 애덤스 드레이크(Samuel Adams Drake)
옮긴이 | 윤경미
펴낸이 | 조선우 • 펴낸곳 | 책읽는귀족

등록 | 2012년 2월 17일 제396-2012-000041호
주소 | 경기도 고양시 일산동구 장백로 19(백석동, 더루벤스카운티 901호)

전화 | 031-908-6907 • 팩스 | 031-908-6908
홈페이지 | www.noblewithbooks.com
E-mail | idea444@naver.com

출판 기획 | 조선우 • 책임 편집 | 조선우
표지 & 본문 디자인 | twoesdesign

값 16,000원
ISBN 978-89-97863-79-2 (03210)

이 도서의 국립중앙도서관 출판예정도서목록(CIP)은
서지정보유통지원시스템 홈페이지(http://seoji.nl.go.kr)와
국가자료공동목록시스템(http://www.nl.go.kr/kolisnet)에서
이용하실 수 있습니다.
(CIP제어번호: CIP2017018535)